Knaur

Über die Autorin:

Saskia Steltzer, Jahrgang 1950, ist freie Journalistin und ist außerdem im Politik-, Wirtschafts- und Kulturmanagement tätig. Sie hat eine Tochter und einen Sohn, der Legastheniker ist.

Saskia Steltzer

Wenn die Wörter tanzen

Legasthenie und Schule
Erfahrungen und Perspektiven von Schulkindern

Knaur

Besuchen Sie uns im Internet:
www.droemer-weltbild.de

Vollständige Taschenbuchausgabe 2001
Droemersche Verlagsanstalt Th. Knaur Nachf., München

Umschlaggestaltung: ZERO Werbeagentur, München
Umschlagabbildung: Photonica, Hamburg
Satz: Ventura Publisher im Verlag
Druck und Bindung: Nørhaven A/S
Printed in Denmark
ISBN 3-426-77509-3

5 4 3 2 1

Der Mensch ist eine Sonne.
Seine Sinne sind seine Planeten.

Novalis

Für

Maxi und Judith
Mira
Vincent
Sebastian
Friederike und Phillip
Sven
Christina
Arnes
Christoph

Inhalt

Geleitwort

Saskia Steltzer lernte ich zunächst durch einen Anruf kennen. In einer Broschüre, die unsere Eltern-Selbsthilfegruppe zum Thema Hochbegabung herausgibt, hatte sie meine Telefonnummer gefunden. Was als kurzer Informationsanruf gedacht war, wurde ein stundenlanges Gespräch, das wir fortsetzten, als sie mich einige Tage später besuchte.
Welches Thema beschäftigt zwei Frauen spontan so intensiv? Ein Thema, das sie persönlich betroffen machte, das ihren Alltag prägte, das sie seit Jahren in immer wieder neuen Varianten beschäftigte: unsere Kinder und die Schule!
Beide haben wir Kinder, die nicht der in der Schule erwarteten Norm entsprechen und deshalb die Schule nicht problemlos durchlaufen. Saskia setzt sich seit Jahren mit dem Thema »Legasthenie« auseinander. Sie war aktiv in Elterngruppen, lernte ständig dazu, informierte sich, suchte Erklärungen, um neue Lösungswege für ihr Kind zu finden. Ich befasse mich ebenso lange in ähnlicher Form mit dem Thema »Hochbegabung«. Viele hochbegabte Kinder können sich aufgrund ihrer besonderen Begabung nicht in das Schulsystem einpassen, verlieren ihre Motivation und reagieren mit Leistungsschwächen.
Was bringt uns – wie viele andere Eltern auch – dazu, über Jahre hinweg einen Zustand einfach nicht zu akzeptieren und ständig weiter nach einer Lösung zu suchen?
Es ist die Diskrepanz zwischen dem Kind, das wir zu Hause erleben, und dem »Schulkind«.
Mein Sohn sagte einmal: »Ich kann doch so viel und weiß viel mehr als andere Kinder in meinem Alter. Warum können die in der Schule das nicht sehen und einfach akzeptie-

ren, daß ich ein paar Rechtschreibfehler mehr mache als andere. Warum sind diese Rechtschreibfehler wichtiger als alles andere, was meine Person ausmacht?«

In unserem Schulsystem, das sich seit Platon kaum geändert hat, wird ein Kind reduziert auf das nach vorgegebenen Kriterien Meßbare: Rechenergebnisse, Wiedergabe einer bestimmten Anzahl von Fakten und – wie in diesem Fall – die Rechtschreibfehler. Persönlichkeit, Kreativität, verschiedene Entwicklungsgeschwindigkeiten, Abweichung von der Norm ist wenig gefragt. Auch nicht Themen wie »Legasthenie« oder »Hochbegabung«.

Zwar gibt es Erleichterungen, wenn die Schublade, in die das Problem eingeordnet werden kann, gefunden wurde. Es gibt verschiedene Schubladen: Teilleistungsschwäche, Legasthenie, Hyperaktivität, ADS, Hochbegabung ... Beschäftigen damit dürfen sich die Eltern. Und sie tun es, damit ihre Kinder nicht aus dem System herausfallen.

Ist die Schublade gefunden, bahnt sich der Weg von selbst. Es gibt dann Selbsthilfegruppen, Vorträge, Verbände und vor allem jede Menge Institute und Einrichtungen, die sich (kommerziell) speziell mit diesem Thema befassen. Viele Versuche, viele Hoffnungen, oft Enttäuschungen.

Kaum jemand guckt noch über den Rand der Schublade. Diese Erkenntnis war der Grund unserer langen Gespräche. Das Schubladendenken verschärft oft noch die Probleme. Oft sind die Probleme übergreifend, oder ein Problem erscheint als Ursache eines anderen. Nicht klare und nicht einheitliche Definitionen des Problems wie bei der Legasthenie verunsichern zudem.

Saskia und ich haben festgestellt, daß wir uns seit Jahren, bezogen auf unsere Kinder, mit demselben Problem unter anderen Voraussetzungen beschäftigen. Durch meine Hin-

weise ließ Saskia ihren Sohn Maxi testen. Er ist hochbegabt *und* Legastheniker. Die Legasthenie war nicht allein der Grund seiner Probleme. Dies ist erst nach Vollendung ihres Buches nach fünf langen Jahren der Auseinandersetzung festgestellt worden. Erst nach fünf langen Jahren kann Maxi entsprechend gefördert werden.
Die Begegnung mit Saskia hat mich um viele Erfahrungen reicher gemacht. In vielen Gesprächen über unsere Betroffenheit, unseren Frust, unsere Wut, aber auch über unsere wunderbaren Kinder sind wir uns nähergekommen. Saskia ist zu einer Freundin geworden. Das hat mich wieder daran erinnert, daß wir unseren Kindern weniger durch das uns inzwischen geläufige »Fachwissen« helfen, sondern mehr durch unsere Liebe und Zuwendung, so daß sie sich im Bewußtsein ihres Wertes dem Schulalltag stellen können.

Barbara Glock-Steiff

Legasthenie – nur eine Chimäre?

Wenngleich Legasthenie längst kein Tabuthema mehr ist und das Thema in Presse, Funk und Fernsehen in den letzten Jahren oft behandelt wurde, stoßen Eltern dennoch immer noch auf Widerstand, wenn es darum geht, ihre Rechte gegenüber Schulen, Krankenkassen, Jugendämtern, Finanzbehörden etc. durchzusetzen. Anstatt die Ursachen für die Probleme zu beseitigen, neigt man in letzter Zeit des öfteren dazu, das Problem einfach umzudefinieren oder aber seine Existenz generell in Frage zu stellen.

Fest steht, daß eine beträchtliche Anzahl von Kindern (Schätzungen gehen von 15 Prozent eines jeden Schülerjahrgangs aus) Rechtschreibleistungen zeigen, die weit unterhalb des Erwartungsniveaus liegen. Zu behaupten, diese Schülerinnen und Schüler seien eine Erfindung von cleveren Geschäftemachern, zeugt von einer unverantwortlichen Ignoranz. Wie immer sie im einzelnen auch begründet sein mag: Sie beraubt einen Großteil unserer Kinder der reellen Chance, ihre Leistungsrückstände im Bereich der Schrift durch gezielte und möglichst frühzeitig einsetzende Fördermaßnahmen aufzuholen.

Um die beunruhigend hohen Zahlen betroffener Schülerinnen und Schüler in den Griff zu bekommen, wurden und werden außerdem gerne bestimmte Ausschlußkriterien herangezogen, die den betreffenden staatlichen Einrichtungen einen geordneten Rückzug aus der Verantwortlichkeit ermöglichen sollen. Das am häufigsten herangezogene Ausschlußkriterium ist das einer unterdurchschnittlichen Leistung in einem standardisierten *Intelligenztest.* Anspruch auf Förderung hat demnach nur derjenige, dessen allgemeine

Leistungsfähigkeit mindestens durchschnittlich ist. Der Umkehrschluß zeigt, welch fatale Folgen dies für die Grundbildung eines großen Teils unserer Kinder haben kann: Weniger begabten Kindern wird hierdurch nämlich ihr Recht auf Schrift entzogen. Wer aber – so frage ich – braucht unsere Hilfe nötiger, wenn nicht diese Kinder?
Von Kritikern wird außerdem häufig das Argument vorgebracht, daß sich Legasthenie der direkten Beobachtung entziehe und somit eigentlich gar nicht existiere. Die Prämisse ist sicherlich richtig, die Schlußfolgerung allerdings nicht. Selbstverständlich ist Legasthenie nicht direkt beobachtbar – wie eine Geschwulst, ein verwachsener Zehennagel oder Schielen. Daß es Legasthenie gibt, ist nur an ihren Folgen erkennbar. Das heißt: Legasthenie ist in der Tat ein theoretisches Konstrukt, mit dessen Hilfe wir das Rechtschreibversagen eines großen Teils eines jeden Schülerjahrgangs einzuordnen versuchen. Was aber wichtiger scheint: Legasthenie ist eine Sammelbezeichnung für ein oberflächlich recht einheitliches Störungsbild, dem eine Vielzahl unterschiedlicher Störungsmuster bzw. Entstehungsbedingungen zugrunde liegen kann.
Ihnen auf die Spur zu kommen und vor allem Verständnis zu wecken für die spezifischen Probleme, denen sich legasthenische Kinder und ihre Eltern häufig gegenübersehen, ist das Anliegen dieses engagierten Buches von Saskia Steltzer, dem man nur wünschen kann, daß es Verantwortlichen in Schule, Kultus- und Finanzbürokratie nicht verborgen bleibe und zum Nachdenken – wenn nicht gar Umdenken anrege.

Karl-Ludwig Herné

Danksagung

Viele Menschen haben die Entstehung dieses Buches unterstützt. Ich kann sie nicht alle aufzählen. Ihnen allen gilt mein Dank. Erwähnen möchte ich aber:

- Karl-Ludwig Herné (Sprachwissenschaftler an der Beratungsstelle für Lese-Rechtschreib-Schwäche/Legasthenie in Kooperation mit dem Lehrstuhl für Deutsche Philologie der RWTH Aachen), der uns im Schulalltag zur Seite stand und an diesem Buch aktiv mitgewirkt hat;
- die Lehrerinnen und Lehrer, die bereit waren, ihre Sicht und Erfahrungen darzulegen: Uta Boele; Dieter Fenk; Michael Herbrechter; Melina S. und Ingrid Stüben;
- die Therapeutin Karin Staab;
- Michaela Breit, meine Lektorin;
- Heike Wilhelmi. Sie hat das Erscheinen dieses Buches ermöglicht und es in allen Phasen bis zur Veröffentlichung begleitet.

Ich danke meinen Kolleginnen und Kollegen, meinen Freundinnen und Freunden, die von mir in das heikle Thema Legasthenie verwickelt wurden und die mir Mut und Unterstützung gaben, dieses Buch zu schreiben:

- Monika Fleischmann und Wolfgang Strauss (Media Art Research Studies, GMD-Forschungszentrum Informationstechnik); Manfred Heinze (TextLab);
- den Mathematikern Professor Achi Brandt (Weizmann Institute of Science, Rehovot/Israel); Professor Ulrich Trottenberg (GMD); Clemens-August Thole (GMD), der

mein erster konstruktiver Gesprächspartner zur Problematik der Legasthenie war; Rudolph Lorentz (GMD), der mir bei Übersetzungen und *Wortfindungen* aus dem Amerikanischen geholfen hat, und Klaus Stüben (GMD), meinem Lebensgefährten, der mir in allen Entwicklungsphasen dieses Buches zur Seite stand und fast alles, was ich schreibe, kritisch hinterfragt. Ihm gilt mein besonderer Dank;

- meiner Freundin und Autorin Barbara König, die mich zu diesem Projekt ermutigt hat, und Greta Tüllmann, Herausgeberin der Frauenkulturzeitschrift *ab40.*

Ich danke Anneliese Traut vom Landesverband Legasthenie NRW für ihre immer warmherzige und wohltuende Ermutigung; den Müttern, die an diesem Buch mitgewirkt haben: Barbara Glock-Steiff und Renate Thies; den Eltern der Kinder und Jugendlichen, die in diesem Buch sprechen, und den Legasthenikern selbst, die dieses Buch tragen.

Saskia Steltzer

Die betroffenen Kinder, Jugendlichen und Erwachsenen,
die in diesem Buch über sich sprechen, sind:

Arnes, 30 Jahre alt, Student der Psychologie (Diplomand)
Christina, 18 Jahre alt, Schülerin
Christoph, 34 Jahre alt, Künstler und Pädagoge (Doktorand)
Friederike, 12 Jahre alt, Schülerin
Maxi, 13 Jahre alt, Schüler
Mira, 14 Jahre alt, Schülerin
Phillip, 9 Jahre alt, Schüler
Sebastian, 16 Jahre alt, Schüler
Sven, 22 Jahre alt, Lehrling (KFZ-Mechaniker)
Vincent, 13 Jahre alt, Schüler

1
Plädoyer für einen mutigen Umgang

Wenn es einen Glauben gibt, der Berge versetzen kann,
so ist es der Glaube an die eigene Kraft.
Marie von Ebner-Eschenbach

Als er neun Jahre alt war, das wird ihm nachgesagt, sprach er immer noch nicht fließend. Seine Eltern hielten ihn für zurückgeblieben. Sein Vater fragte den Schulleiter, was für einen Weg der Junge einschlagen solle. Der antwortete: Was soll's, aus ihm wird sowieso nichts! Was würde der Schulleiter wohl heute in sein Gutachten für die weiterführende Schule schreiben? Geeignet? Vielleicht geeignet? Nicht geeignet?
Einem anderen wird nachgesagt, daß er bereits im ersten Schuljahr die Schule verlassen mußte. Seiner Mutter wurde gesagt, er werde nie in der Lage sein, irgend etwas zu lernen, er sei geistig zurückgeblieben, sein Kopf sei verwirrt. Daraufhin hat ihn seine Mutter unterrichtet. Was würde mit ihm heute passieren, wo es die Schulpflicht gibt? Sonderschule?
Im ersten Fall handelt es sich um Albert Einstein, dem 1921 der Nobelpreis für Physik verliehen wurde. Im zweiten Fall handelt es sich um den Erfinder Thomas Edison. Beiden wird nachgesagt, sie seien Legastheniker gewesen. Kann sein, kann auch nicht sein. Aber sie waren hochbegabt, das ist sicher. Und Hochbegabung bei gleichzeitigen *Lernstörungen,* das gibt es sogar sehr häufig. Natürlich sind nicht alle Legastheniker hochbegabt und nicht alle Hochbegabten Legastheniker, das soll hier nicht behauptet werden. Man

wird aber sehr viele Begabte unter den Menschen finden, die das gutachterliche Etikett *teilleistungsgestört* tragen. Offiziell heißt es, daß sie Störungen in der *Wahrnehmungsverarbeitung* haben, was auch immer das bedeutet.
Tatsache ist, daß diese Menschen durch das Raster unserer gängigen Wertmaßstäbe fallen. Wer anders ist, fällt aus der Norm, das ist eben so. Aber jeder Mensch hat seine eigene Wirklichkeit und nimmt die Welt auf seine Weise wahr. Es gibt nicht *die* Wirklichkeit, und es gibt auch nicht *die* Wahrnehmung. Und das ist gut so.
Deshalb ist es mir in diesem Buch besonders wichtig, auch Betroffene selbst zu Wort kommen zu lassen. Ich habe versucht, eine Übersetzerrolle einzunehmen, zwischen verschiedenen *Wahrnehmungswelten* zu vermitteln und Fragen zu stellen. Fragen an die Betroffenen und Fragen an uns selbst, denn wir stellen gesellschaftlich gültige Normen erst dann in Frage, wenn sie beginnen, unser Leben zu erschüttern. Für mich sind die betroffenen Kinder und Erwachsenen die eigentlichen Experten. Das Buch ist ein subjektiver Erfahrungsbericht und gibt einen Einblick in die subjektive Erfahrungswelt von Legasthenikern und ihren Begleitern im Alltag.

Wir haben uns *geouted* in puncto Legasthenie, Maxi (damals 10 Jahre und Legastheniker), Judith, seine Schwester (damals 14 Jahre), und ich. Wir sitzen in einem Boot. Alle gemeinsam, manchmal auch einzeln, lernen wir, es zu steuern. Wir haben keine Wahl, denn wir befinden uns auf offener See: im deutschen Schulsystem. Wir wollen das Ufer erreichen, und wir können nicht warten, daß es zu uns kommt: die Kinder auf ihrem Weg mitten ins Leben und ich, die ich sie noch eine Strecke begleiten werde. Ich werde

unsere Geschichte erzählen, weil ich weiß, daß viele auf diesem Meer herumirren, oft am Rande ihrer Kraft. Sie soll Mut machen und Bewußtsein schaffen, uns hinter unsere Kinder zu stellen, sie zu verteidigen und zu ermutigen. Wir wollen nicht aufhören, sie fühlen zu lassen, daß sie es wert sind zu leben und daß das Leben einen Sinn hat.
Mehr denn je sind sie auf unsere Rückendeckung angewiesen, besonders, wenn sie nicht in die Norm des gängigen Schulsystems passen. Unser Ausbildungssystem ist schon lange in der Krise und zu schwerfällig für einen schnellen Wandel. Vielleicht werden es unsere Kinder und Enkelkinder sein, die neue Impulse geben, es wird Zeit. Dafür müssen sie aber das System zu Ende durchlaufen und Strategien und Konzepte erfahren, die ihnen selbstverantwortliches Denken und Handeln ermöglichen.
Mit anderen Worten: Sie brauchen unseren Zuspruch und unsere Unterstützung, und sie brauchen menschliche Lehrerinnen und Lehrer, die nicht nur nach formalen Normen und einzelnen Wertungskriterien urteilen, sondern Schülerinnen und Schüler wieder in ihrer Ganzheit sehen können. Dafür müssen wir Sorge tragen. Wir sind in der Verantwortung. Es wäre fatal, unsere Kinder mit dem Etikett *no future generation* sich selbst zu überlassen. Auch wir sind herausgefordert. Wir wollen keine Schuldigen suchen, darum geht es nicht, und das bringt uns nicht weiter. Aber wir dürfen auch nicht schweigen, wir müssen mitmischen, aufmischen, neue Wege zu gehen. Das erfordert Mut, Energie und Zuversicht.

Worum es geht? Ich bin Maxis Mutter, die Mutter eines Legasthenikers.
Na und? sagen die einen. Lassen Sie doch die Kirche im Dorf! Was ist denn daran so schlimm? Die anderen schauen

vielleicht mitleidig, sagen: Was, so ein intelligenter Kerl, nicht zu glauben! Bei dem hätte ich das aber nicht gedacht!
Nach allem, was ich in puncto Legasthenie erlebt habe und immer noch erlebe, habe ich mich entschlossen, dieses Buch zu schreiben. Ich habe dabei besonders an die Begleiterinnen und Begleiter legasthenischer Kinder gedacht, das lag mir am Herzen. Legasthenikerinnen und Legastheniker kommen in diesem Buch zu Wort. Ich habe zahlreiche Interviews mit ihnen geführt, deren Aussagen ich hier wiedergebe.
Um als Eltern – in meinem Fall als alleinerziehende Mutter – den für die Betroffenen richtigen Weg zu finden und zu wählen, brauchen Sie Mut und Energie. Sie brauchen Ausdauer, um mit Rückschlägen umzugehen und dem Druck der Schule standzuhalten. Sie müssen Geduld und Zuversicht entwickeln, ein spürbares Vertrauen in Ihr Kind setzen. Sie müssen souverän und gelassen sein, mit Verletzungen umgehen lernen, die Nerven behalten und sensibel bleiben. Irgendwann werden Sie Humor entwickeln, das hilft, lächeln Sie!
Akzeptieren Sie es, wenn Sie von Zeit zu Zeit an Ihre Grenzen kommen, denn Sie müssen sich über einen langen Zeitraum hindurch auf mehreren Ebenen gleichzeitig bewegen, wobei Sie gezwungen sind, Ihre Souveränität über die Gesamtsituation immer wiederherzustellen. Das ist eine immense Herausforderung, und auch Sie haben das Recht auf Verschnaufpausen. Denn wir, die Begleiter, werden nicht verschont von Desorientierung und Verunsicherung, von Panik, Zweifel und Überforderung.
Durchhalten ist überlebenswichtig, aber auch das Loslassen. Wir werden ständig mit der Frage konfrontiert: Was ist überhaupt richtig? Es gibt keine allgemeingültige Antwort

darauf, finden Sie sich damit ab! Dann die Frage: Warum? Was sind die Ursachen für Legasthenie, was ist das überhaupt? Auch dafür gibt es keine endgültige Erklärung. Noch nicht.

Und noch etwas: Der Therapiesektor heutzutage ist verwirrend und unübersichtlich. Die Gefahr, von unseriösen, nur an kommerziellem Gewinn orientierten Institutionen ausgebeutet zu werden, ist groß. Bleiben Sie cool und suchen Sie den Erfahrungsaustausch mit Gleichgesinnten und unabhängigen Beratern.

Bleiben Sie stark und entscheiden Sie selbst, welchen Weg Sie gehen. Die Angst zu überwinden und herauszufinden, welche Techniken oder Therapieformen Ihrem Kind helfen, mit der Legasthenie konstruktiv umzugehen, das erfordert zunächst Ihre ganze Kraft und auch Ihre Offenheit. Sie wachsen hinein in diesen Prozeß, und Sie werden sortieren lernen.

Das Wichtigste ist die Wiederherstellung des Selbstwertgefühls bei Ihrem Kind, nur dann wird es sein Problem nicht verdrängen müssen. Nur dann wird es sich auf seine spezielle Wahrnehmungsweise einlassen und sich einem befreienden und autonomen Weg öffnen können. Anfangs ist das sehr schwer, denn die alten, selbstschädigenden Strategien sind tief verwurzelt, und die Realität und die Vorgaben des Schulalltags sitzen Ihnen im Nacken. Erwarten Sie keine Unterstützung, aber fordern Sie Verständnis und Zeit. Stellen Sie sich hinter Ihr Kind.

In diesem Buch spielt Schule eine große Rolle, weil sie die problematischste Institution für legasthenische Kinder ist. Es ist mir aber wichtig, zu betonen, daß Schule für mich ein abstrakter Begriff für das Erziehungssystem ist. Es soll daraus kein individueller Vorwurf an unsere Lehrer abgeleitet werden. Sie sind, was diese Problematik betrifft, überfordert. Sie sind innerhalb dieses Systems ohnehin schon völlig überlastet und haben durch viele Vorgaben auch nur wenig Spielraum. Außerdem sind Lehrer für eine Beurteilung von Legasthenikern oder auch von hochbegabten Kindern sowie für einen individuellen Umgang mit diesen Kindern nicht ausgebildet. Abgesehen davon, machen die heutigen Klassenstärken einen solchen Umgang mit Kindern und Jugendlichen fast unmöglich. Eine Lösung dieser Probleme muß an anderer Stelle erfolgen. Ich würde mich aber freuen, wenn dieses Buch auch Lehrer erreicht und es sie für den Problemkreis »Wahrnehmung«, darum geht es nämlich letztendlich, aufgeschlossener werden läßt, um zum Beispiel mit dem Ermessensspielraum von Erlassen selbstverständlicher umzugehen.

2
Unsere Geschichte

Glück ist Talent für das Schicksal.

Novalis

Ich war in den letzten Jahren oft am Rande meiner Kraft. Ich war verzweifelt und fühlte mich allein gelassen. Ich sah mich im Traum wie eine Akrobatin auf dem Hochseil, nur waren unter mir kein Netz und kein Boden. Wie fing das alles an? Mit Maxis Schriftveränderung in der Grundschule. Er hatte plötzlich kein gegliedertes Schriftbild mehr. Die Wörter tanzten aus der Reihe, aus den vorgegebenen Linien der Schulhefte, und die Orthographie wurde immer abenteuerlicher. Inzwischen ist es mir möglich, einige Geschehnisse zu rekonstruieren und einzuordnen, sie aus der Distanz zu sehen.

Wie alles anfing

Ende des zweiten Schuljahres gab es in der Klasse meines Sohnes einen dramatischen Lehrerwechsel. Die Klassenlehrerin, von den Kindern sehr geliebt, mußte von heute auf morgen den Schuldienst verlassen, weil sie schwer erkrankt war. Es gab eine Interimszeit und dann eine neue Klassenlehrerin. Die Kinder brauchten Zeit, mit der neuen Situation fertig zu werden, was ja normal ist.
Rückblickend kann ich feststellen, daß schon in der Interimszeit bei Maxi Widerstand gegen das Lesen und Schreiben entstand, was ich nicht weiter beachtete, denn er hatte bis dahin ein gegliedertes Schriftbild und war nicht auf-

fällig. Allerdings wurde die Schrift schlechter, die Ordnung chaotischer, und es kam die erste Fünf im Diktat – in der Grundschule eigentlich unüblich. Dann folgte aber wieder eine Zwei. Was mir auffiel, war, egal ob wir übten oder nicht, der Ausgang eines Diktates schien davon unabhängig zu sein – unberechenbar. Das wunderte mich schon. In Mathe, Sachkunde, Religion gab es keine Probleme, die Religionslehrerin war sehr angetan von seinem Engagement, sagte, so ein Kind mache ihr Freude, habe sie selten im Unterricht. Heute kann ich sagen, es war der Anfang seines ausgeprägten Interesses an Geschichte. Die Deutschnote im Schriftlichen ging hingegen auf Drei und pendelte dann sogar zwischen Drei und Vier minus. Mündlich stand er auf Zwei. Ich konnte das nicht verstehen, denn von der intellektuellen Entwicklung her erschien mir Maxi auffallend weit, er konnte Zusammenhänge erfassen und hinterfragen. Der Leser wird mich vielleicht für eine ehrgeizige Mutter halten und denken, eine Drei in Deutsch ist doch gar nicht so schlecht. Es war nicht die Note, es war die Diskrepanz, die ich spürte zwischen seinen intellektuellen Stärken und dem Versagen in der Schriftsprache, das ich im Schriftbild sah und mir damals nicht erklären konnte.

Ende des dritten Schuljahrs fragte ich seine Lehrerin, ob Maxi vielleicht Legastheniker sei, ohne mir darunter genau etwas vorstellen zu können. Sie verneinte die Frage, ihrer Ansicht nach war Maxi faul und seine Arbeitshaltung problematisch. Damals wußte ich nicht, daß viele Betroffene so etwas erleben.

Zu Hause wurde es langsam ungemütlich, wir gerieten in Streit um die Ordnung im Schulranzen und die Heftführung, wir quälten uns mit Diktat- und Rechtschreibübungen

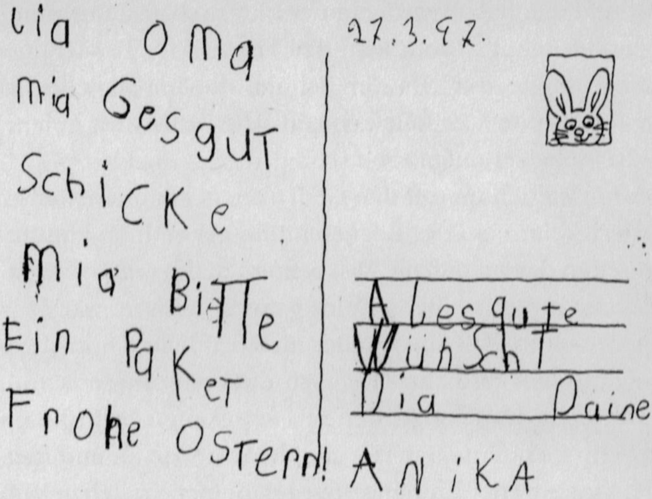

Typisches Legastheniker-Schriftbild

herum. Mir fiel auf, daß die Fehler unsystematisch kamen. Dieselben Wörter waren mal richtig geschrieben, ein paar Zeilen später falsch, die Grammatik schien Maxi zu verstehen, aber je mehr er sich konzentrierte und je mehr wir übten, desto häufiger wurden die Fehler. Ich hatte keine Ahnung, daß dieser Streß, den wir uns bereiteten, zu nichts führt. Da so viele Kinder in dieser Klasse Ablösungsprobleme von der alten Klassenlehrerin hatten, sah ich Maxis Widerstand immer noch in diesem Kontext. Ich wußte, daß er sehr intelligent war und sich schon früh für Geschichte, Politik etc. interessierte. Daß er nicht richtig lesen konnte, habe ich dabei überhaupt nicht bemerkt.

Dann kam das vierte Schuljahr. Wie immer im vierten Schuljahr, das wußte ich noch von meiner Tochter, ging's nun zur Sache: Gymnasium oder Realschule? Das Gutachten stand bevor und damit Aufregung in der Elternschaft. Ich kannte das ja alles schon. Dann kam der Tag meines Erwachens. Max berichtete mir aus der Schule, die Klassenlehrerin hätte ihm geraten, er solle lieber auf die Realschule gehen, da wäre er besser aufgehoben.

Bis dahin war ich nie auf den Gedanken gekommen, daß er Schwierigkeiten bei der Begutachtung bekommen könnte. Abgesehen davon, daß die Diskussion um die weiterführende Schule mit mir hätte geführt werden müssen, war es ja immer noch so, daß Maxi, außer im schriftlichen Sprachgebrauch, in den restlichen Fächern Zwei oder besser stand. Er war nicht der einzige, der Schwierigkeiten beim Lesen und Schreiben hatte. Ich rief also die Lehrerin an und fragte sie, wie sie zu der Einschätzung gekommen sei. Ich bekam keine überzeugende Antwort, außer, daß sie wohl den Eindruck hatte, daß Maxi nicht so ganz helle war und im Gymnasium überfordert sei. Dem widersprach mein Eindruck und auch das Zeugnis. Auf die Frage, warum denn so viele Kinder Schwierigkeiten in der Schriftsprache haben, kam die Antwort, das läge an den Elternhäusern. Das war nun in unserem Fall noch weniger überzeugend, da ich beruflich immer mit Sprache zu tun hatte.

Schule wurde für uns zum negativen Streß. Ärger stieg in mir hoch. Von Legasthenie hatte ich immer noch keine Ahnung. Seine Schwester war sicher in der Rechtschreibung, ich selbst hatte nie Probleme damit gehabt, obwohl zweisprachig aufgewachsen.

Trotz seines »vielleicht geeignet« wurde Maxi schließlich als Geschwisterkind am Gymnasium aufgenommen, allerdings nicht ohne den Hinweis, daß ein Befriedigend in Lesen, Rechtschreibung und Schrift (im schriftlichen und mündlichen Sprachgebrauch stand er Gut) eine sehr schlechte Note für ein Grundschulzeugnis sei und er sich mehr anstrengen müsse. Im Gutachten wurden seine Arbeitshaltung und seine mangelnde Konzentrationsfähigkeit kritisiert. Mit dem Schulwechsel würde sich das Problem schon geben, dachte ich. Das war falsch.

Vor der Einschulung ins Gymnasium machten wir eine USA-Reise. Mir fiel auf, daß Maxi – im Gegensatz zu früheren Reisen – keine Bereitschaft zeigte, Postkarten zu verschicken. Nur eine an die Großmutter, und ich sah zufällig, wie er den kurzen Text der Karte – vielleicht zwei Sätze – heimlich vorschrieb. Das war mir nicht geheuer und machte mich stutzig. Was muß in dem Jungen vorgehen, wenn er seine Texte verstecken muß?

Kaum eingeschult ins Gymnasium, kam der erste Deutschtest zurück: eine dreiviertel DIN-A4-Seite mit über 20 Fehlern. Meine Alarmglocken läuteten – dies ging nicht mehr mit rechten Dingen zu.

Diagnose Legasthenie! Und nun?

Was tun? Ich hatte damals Glück: Einer meiner Kollegen kannte das Problem Legasthenie durch seine Brüder, er gab mir die Telefonnummer seiner Mutter. Sie war meine erste Anlaufstelle, eine erfahrene Frau, vor 20 Jahren Mitbegründerin des Bundesverbandes Legasthenie. Sie sagte mir erst mal, was ich machen und nicht machen sollte, gab mir wertvolle Hinweise und Adressen, verordnete mir Literatur, die ich auch sofort las. »Das Allerwichtigste ist die Wiederherstellung des Selbstwertgefühls Ihres Kindes«, diesen Satz habe ich heute noch in meinen Ohren.

Nun ging das Rennen los. Ich machte Termine zum Hörtest, zum Sehtest und beim Psychiater zum Legasthenietest. Augen und Ohren waren in Ordnung, aber das Ergebnis des Psychiaters war eindeutig: Maxi war Legastheniker, unter dem Test stand: schwaches Ergebnis. Der Arzt schrieb eine Bescheinigung für die Schule und riet uns, ein Internat in Erwägung zu ziehen. Auch sollte ich »gut auf ihn aufpassen«, seine Intelligenz habe einen hohen Wert, läge über dem Durchschnitt. Ich wußte damit nicht viel anzufangen. Der Arzt stellte seine Telefonnummer zur Verfügung, falls es Rückfragen von seiten der Schule gäbe, bot Gespräche mit den Lehrern an, sagte aber gleich, meist rufe niemand zurück. Das Problem Legasthenie – diesen Begriff benutzte er nicht, sondern Lese-Rechtschreib-Schwäche (LRS) – sei nicht »so ohne« und das Verständnis rückläufig. Was er genau damit meinte, auch das verstand ich damals nicht. Alles kam mir etwas geheimnisvoll vor, ich spürte schon das Stigma, mit dem diese Problematik behaftet ist. Maxi brach zusammen, weinte bitterlich, er wollte kein Legastheniker sein.

Wie sollte es nun weitergehen, wie konnte dem Kind geholfen werden, welche Therapiemöglichkeiten gab es? Ich war inzwischen in den Bundesverband Legasthenie eingetreten und konnte mich sachkundig machen. Gleichzeitig mußte ich mit den Lehrern sprechen. Ich suchte Unterstützung außerhalb der Schule in einem Institut, das auf Legasthenie spezialisiert ist. Ich bekam sofort einen Termin, machte einen Vertrag. Ich legte Maxis Legasthenietest vor, man wertete seine Schulhefte aus. Folgendes Schreiben an die Schule wurde formuliert.

»Sein Testergebnis liegt im Vergleich zur Klassenstufe im Bereich der sehr schwachen Leistung. Die qualitative Analyse ergibt, daß bei M. eine ausgeprägte akustische Wahrnehmungsschwäche vorliegt. Vor allem im Sekundärbereich der Wahrnehmung, im sogenannten Regelbereich, zeigen sich große Mängel, die auf eine unterentwickelte rhythmisch-melodische Differenzierungsfähigkeit hinweisen. Aufgrund der sonstigen Leistungsfähigkeit kann dieses Ergebnis nicht mit einem Intelligenzdefizit erklärt werden, sondern mit einer umschriebenen Lese-Rechtschreib-Schwäche im Sinne einer Teilleistungsschwäche. Die Analyse der Schulhefte zeigt eine größere Häufigkeit der Fehler im Wahrnehmungsbereich und im Regelbereich, was sich damit erklären läßt, daß bei M. schon eine psychoreaktive Verunsicherung besteht, die in Prüfungssituationen zu Streßverhalten führt ... Zur Unterstützung bitten wir, gemäß den Möglichkeiten des Erlasses des Kultusministeriums von NRW zur ›Förderung von Schülerinnen und Schülern bei besonderen Schwierigkeiten im Erlernen des Lesens und Rechtschreibens‹ vom 19. 7. 1991 zu verfahren und M.s mündliche Leistungen im Deutschen und in den Fremdsprachen bei der Benotung stärker zu gewichten.«

Maxi blockierte, er hatte eine große Sperre gegen die herkömmlichen Methoden, schon beim Anblick von *Arbeitsblättern* ging er in die Verweigerung. Er nahm das Angebot des Legasthenieinstituts nicht an. Ich war ratlos. Wie sollte es weitergehen?
Die ganze Situation überforderte uns beide. Wir hatten zwei wertvolle Jahre verloren, denn in der Grundschule hätten

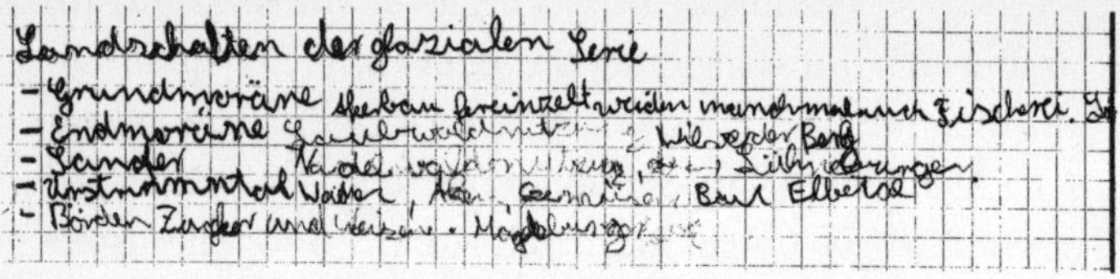

Maxis Hausaufgaben im Silentium

wir weniger Druck und mehr Zeit gehabt. Nun lernte er schon die erste Fremdsprache. Noch ein Problem kam hinzu: das mangelnde Selbstwertgefühl. Zu viel war bereits geschehen, Verhaltensauffälligkeiten traten in der Schule auf. Ein Kreislauf begann. »Er ist auf der Beliebtheitsskala nicht gerade oben«, war die Aussage seines Klassenlehrers, mit dem ich im stetigen Dialog war. Maxi machte sich das Leben schwer, war in dieser Zeit völlig kritikunfähig und überempfindlich, die alten Wunden brachen auf: Selbstwertprobleme, die nicht so schnell zu lösen waren.

»Legasthenie ist 'ne lange Kiste, da braucht man Geduld und Ausdauer, Zeit, Verständnis«, das waren die Kommentare. Nichts lief ohne Probleme: die Gespräche mit den Lehrern, das Bitten um Verständnis, Maxis oft bockige und provokative Haltung – ein anstrengender Kreislauf, das negative Feedback stand immer im Vordergrund. Was tun? Andere Schule? Anderes Schulsystem? Auch zum Hausaufgabenmachen in der Schule wollte er nicht bleiben, weil es ihm unangenehm war, aufzufallen, aber im Schriftbild war es nicht mehr zu vermeiden, das Auffallen. Es war offensichtlich.

Viele Erlebnisse kamen hoch, Verletzungen der vorangegangenen Jahre. Sprüche wie: »Deine Schrift ist ja wieder ein wahres Kunstwerk!« Empfindlichkeiten, wenn ein Leh-

rer ein Klassenarbeitsheft vor der Klasse hochhält und kommentiert: »So geht's nicht!« Oder mitleidiger Zuspruch wie: »Wenn du dich noch etwas mehr anstrengst und konzentrierst, nicht so viel träumst, wird's schon werden!« Dies alles war nicht hilfreich, wenn auch manchmal gut gemeint. Aber es kam noch dicker. Der Ausspruch eines Mitschülers, dessen Mutter Maxi in der Grundschule unterrichtet hatte: »Meine Mutter hat immer schon gesagt, außer Mathe kannst du sowieso nix!« Das tat weh! Was tun? Eingreifen und die Sache aufbauschen? Nur ein vermeintlicher Schutz, in Wirklichkeit würde das Maxi noch mehr in die Außenseiterrolle drängen.
Die Belastungen wurden oft zur Zerreißprobe – auch für mich. Erlebnisse wie die oben geschilderten waren schlimm für uns, vor allem, weil sie Maxis ohnehin angeschlagenes Selbstwertgefühl weiter verletzten. Sie waren ein Finger in der Wunde. Sie konnte nicht heilen. Ich empfand ständig eine Mischung aus Ohnmacht und Wut. Maxi und ich haben viel gesprochen über solche Dinge, das war gut so. Ein strapaziöser Prozeß, diese Teilhabe an der Zerstörung von Selbstwert beim eigenen Kind, der Versuch des Wiederaufbauens, das Immer-wieder-Abstürzen, weil es noch nicht gefestigt sein konnte, falsches Mitleid, Kommunikationsversuche mit den Pädagogen, das ewig negative Feedback, die Rolle, sich verteidigen zu müssen, weil eine Norm nicht paßt. Die Devise des Betroffenenverbandes war: »Durchhalten – es geht uns allen so!«

Eines Abends fuhr ich in die Stadt, völlig erledigt, wollte mal eine Stunde für mich allein einen Bummel machen. Es war ein langer Donnerstag im Jahr 1995, das weiß ich noch. Ich ging in einen Buchladen, weil ich eine leidenschaftliche

Leserin bin, schaute mir dabei auch an, was an Literatur im Regal *Lernstörungen/Legasthenie* steht. Keines der Bücher reizte mich – jedenfalls nicht an diesem Abend. Das Thema *Legasthenie* hatte mich ermüdet, und es war kein Raum mehr in meinem Kopf für Interpretationen von Pädagogen, Psychiatern oder Psychologen – nicht an diesem Abend. »Ich brauche eine Pause«, beruhigte ich mich, denn es war ungewöhnlich, daß meine Wißbegierde stillstand. In diesem Augenblick fiel mein Blick auf ein Buch mit dem Titel *Legasthenie als Talentsignal*[1]. Ich nahm es, las den Klappentext und entschloß mich, es zu kaufen. Der Grund, der mich zu diesem Kauf bewegte, war, daß es von einem Betroffenen geschrieben war. Der Autor war Ronald Davis. Das Buch war offensichtlich gerade erst erschienen. Mit diesem Buch in der Tasche fuhr ich nach Hause und las darin bis tief in die Nacht.

Ich fand bei Davis die provokante These, Legasthenie sei auch ein Wahrnehmungstalent, eine natürliche Fähigkeit. Obwohl wissenschaftlich kaum nachweisbar und obwohl der Autor keine Ansätze zu einer fachlichen Begründung seiner Thesen macht, war dies ein neuer Denkansatz, der unsere Problematik neu belebte. Interessant auch, weil das Buch die subjektive Erfahrung eines Betroffenen schildert.

Am nächsten Tag stellte ich meinem Sohn ganz andere Fragen, z. B. wie er wahrnimmt, wie er denkt. Daß es da Unterschiede geben könnte, darüber hatten wir ja nun beide nicht nachgedacht. Es sprudelte nur so aus ihm heraus. Auch war mir nicht klar, daß seine Wahrnehmung zum Beispiel von Texten hin und her springt, von zweidimensional auf dreidimensional. Ich konnte nur ahnen, welches Chaos das beim Schreiben und Lesen auslösen kann.

»Wenn ich lange auf einen Text gucken muß und ein wenig blinzele, dann wird alles plötzlich dreidimensional. Wenn ich dich jetzt ganz lange angucke, dann kann ich dich ganz weit weg gehen lassen oder eben ganz nah an mich heranholen, und alles andere geht dann weit weg.«

Maxi

Auf die Frage, ob sein Denken mit Bildern gekoppelt ist, antwortete Maxi mir: »Ich sehe immer ein Bild dabei oder einen Film.«

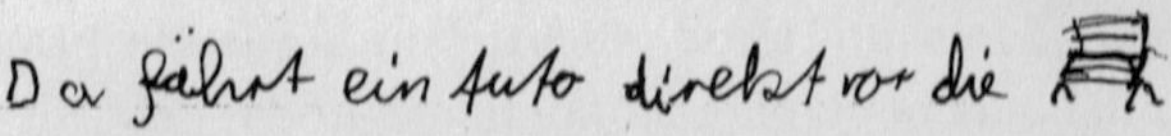
Da fährt ein Auto direkt vor die

Textpassage aus Vincents Klassenarbeitsheft mit Illustration

Meine Neugier war wieder da und damit meine Energie. Ich wollte mehr erfahren, vor allem über die in Davis' Buch beschriebene Orientierungs- und Symbolbeherrschungstechnik. Ich nahm Verbindung zum Übersetzer des Buches auf. Er sagte mir, daß er in den USA mit Ronald Davis zusammengearbeitet habe und daß er meinem Sohn die im Buch beschriebene Technik demonstrieren könne. Ein bißchen unheimlich war mir die Sache, denn mir war klar: So einfach wie sich die Lösung in Davis' Buch liest, kann so ein komplexes Problem wohl nicht gelöst werden. Absichern konnte ich mich nirgends. Davis war in Deutschland völlig unbekannt. In meiner Not entschloß ich mich, die Methode mit meinem Sohn auszuprobieren. Zu verlieren hatten wir nichts. Entweder die Methode bewirkte etwas, oder ich hatte das Geld in den Sand gesetzt.

In diesem Entscheidungsprozeß sind Eltern völlig auf sich allein gestellt.

Maxi und ich ließen uns im November 1995 die Davis-Technik demonstrieren. Ich war gespannt, neugierig, ich zweifelte. Würde Maxi seine Verweigerung durchbrechen können? Mir war klar, daß wir einen sehr unkonventionellen Weg beschritten hatten. Ich ließ die Sache laufen. Meinen Sohn bekam ich zur Mittagspause und abends müde, aber vergnügt zurück. Die ganze Situation hatte sich zum erstenmal entspannt, zumal wir ganz aus dem Alltag heraus waren. Am zweiten Tag zeigte mir Maxi seine ersten Schriftstücke, das Alphabet, klein und groß geschrieben, sowie ein paar Sätze. Ich habe nicht glauben können, daß er das geschrieben hatte. Das Schriftbild war nicht mehr verzerrt. Die Zusammenhänge durchschaute ich nicht, irgend etwas hatte die Methode bei Maxi ausgelöst. Ich konnte mir den Wandel nicht erklären, denn Maxis *normale* Schrift war zu dem Zeitpunkt schwer zu entziffern.

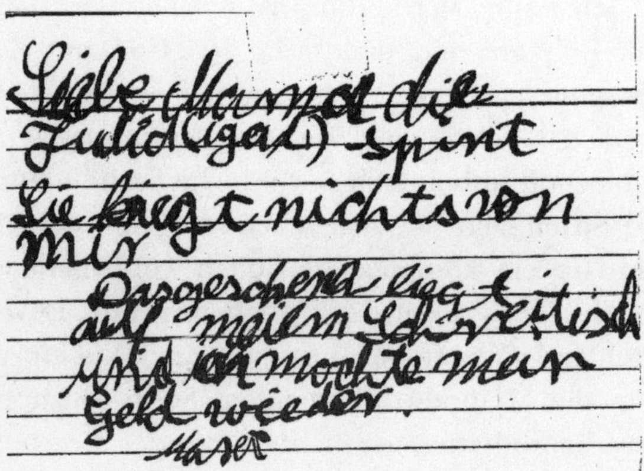
Liebe Mama die Julia (gaaz) spint Sie kriegt nichts von mir
Das geschenk liegt auf meinem Schreibtisch und ich mochte mein Geld wieder.
Maxi

Maxis Schrift vorher

Maxis Schrift am zweiten Tag

Im Laufe dieser Woche hatte ich dann weitere Gespräche. Man erklärte mir, was mit Maxi gemacht worden war, die verschiedenen Schritte dieser Technik und gab mir Instruktionen für die Weiterbetreuung. Denn von heute auf morgen ist das Problem natürlich nicht gelöst. Der größte Erfolg: Maxis Blockade war weg. Er fühlte sich offensichtlich ernst genommen und als Person in seiner Würde respektiert. Es war nicht nur ein Stein, es waren Felsbrocken, die mir vom Herzen fielen. Betroffene werden dieses Gefühl nachempfinden können. Egal, was passiert war, Maxi konnte unter bestimmten Umständen schreiben, das sah ich nun schwarz auf weiß. Mein Gefühl war bestätigt: Er ist intelligent und motivierbar. Mit der Erfahrung, daß Maxis Probleme positiv beeinflußbar sind, aber noch lange nicht gelöst, fuhren wir nach Hause. Das gab mir Kraft, weiter mit ihm und für ihn zu kämpfen.

Alltag

Nun mußten wir aber zurück in den Alltag, davor grauste mir. Wie sehr habe ich mir damals gewünscht, ein Jahr lang allen Zwängen zu entfliehen, dem Kind Ruhe geben zu können und mehr Zeit auch für meine Tochter zu haben, die nicht unberührt blieb von den Auswirkungen unseres Alltags. Der aber ging unerbittlich weiter, die Erwartungen in der Schule, Klassenarbeiten und natürlich auch mein Berufsleben. Ein entspanntes Privatleben gab es nicht.

Das mangelnde Verständnis in der Schule gab uns keine Ruhe. Ich wollte mich über meinen eigenen Fall hinausgehend für Betroffene engagieren mit dem Ziel, das Leid und die Ungerechtigkeiten zu mildern.
Zu der Zeit ließ ich mich vom Landesverband Legasthenie als Ansprechpartnerin für unseren Bezirk auf die Telefonliste setzen. Die vielen verzweifelten Anrufe, die ich vorwiegend von betroffenen Müttern erhielt, waren für mich sehr lehrreich, denn der Ablauf im Schulalltag war überall ähnlich. Ich konnte helfen und Mut machen, an die Kinder zu glauben. Den Weg muß allerdings jede Begleiterin bzw. jeder Begleiter selbst wählen. Denn jedes Kind ist anders. Und an diesem Scheideweg stand auch ich mit meinem Sohn allein.
Langsam entwickelte Maxi wieder mehr Selbstbewußtsein. Oft aber war es sehr zerbrechlich, schon ein falscher Satz in der Schule hatte für mich zu Hause fatale Konsequenzen. Ich hatte Mühe, seine Motivation wiederherzustellen. Das

ging lange Zeit – auf und ab. Oft war ich am Rande der Erschöpfung, Schule hing mir regelrecht zum Halse raus. Alternativen? Es gab kein Entrinnen. Ich mußte mich damit abfinden, daß ich von niemandem erwarten kann, Verständnis für die speziellen Wahrnehmungsweisen eines Legasthenikers zu haben, auch wenn das Phänomen noch so interessant ist. Die Klassen sind groß, die Lehrer überfordert, und jedes Extraproblem ist lästig. Ein Lehrer, der mit Legasthenie möglicherweise einen Defekt im Kopf assoziiert, wird mit einer Mutter konfrontiert, die ihm nun erzählt, ihr Kind sei überdurchschnittlich begabt. Dieser Lehrer wird nun seinerseits verwirrt sein oder heimlich denken, diese Mutter hat wohl nicht alle Tassen im Schrank. Vielleicht wird er auch denken, das arme Kind hat eine Überfrau zur Mutter, eine Powerfrau. Für ihn sind ja primär die negativen Dinge sichtbar, die unleserliche Schrift, die Verhaltensstörungen, die Verweigerung, das Wegträumen. Ein innerlich verletztes Kind ist nicht gerade eine Freude für einen Pädagogen. Und nun die Mutter! Es gibt Lehrerzimmer, da hängt der Spruch: »Hüte dich vor Sturm und Wind und vor Legasthenikermüttern!« Natürlich spürt man das als Mutter, aber diese Dinge laufen unterschwellig, sie werden nicht ausgesprochen.

Daß sich hinter Legasthenie eine andere, eine besondere Wahrnehmung verbergen könnte, stößt natürlich auf Widerstand. Denn aus der Norm heraus gedacht, kann es sich nur um einen Defekt handeln, das beweisen alle gängigen Theorien. Aber wer definiert die Normen? Und auf welcher Basis?

Im Sommer 1996 ging Maxi in einen Ferienkurs der Beratungsstelle für Lese-Rechtschreib-Schwäche/Legasthenie

Aachen, die 1989 in Kooperation mit dem Lehrstuhl für Deutsche Philologie der RWTH Aachen gegründet wurde und eine nicht-kommerzielle Einrichtung ist. Das war eine sehr wichtige Erfahrung für ihn, zu sehen, daß es viele gibt, die das gleiche durchmachen, daß keiner mit dieser Problematik alleine dasteht. Dort bekam ich erstmalig Rückmeldungen über Maxis Fortschritte und Motivation. In der Schule bleibt ein positives Feedback meist aus.

> »Das Problem stellt sich betroffenen Eltern meist ganz anders dar als zum Beispiel den Betreuern in der Beratungsstelle. Die Kinder präsentieren sich da ganz anders mit ihren Lücken und Lernrückständen, als sie das in der Familie tun. Die Eltern berichten zum Beispiel, der versucht sich überall zu drücken, wenn man sagt, lies mir doch mal aus der Zeitung vor. Wir haben die Erfahrung gemacht, daß es gerade diese Kinder sind, die sich dann bei uns in der Gruppe durch besonders großes Engagement hervortun und immer vorlesen wollen. Das kann man nicht vergleichen, wie Kinder sich in der Familie oder auch im Klassenverband, und wie sie sich in der Förderung, diesem geschützten Rahmen, verhalten.«
>
> *Karl-Ludwig Herné*[2]

Insgesamt blicke ich jetzt auf fast drei turbulente Jahre zurück. Maxi, der inzwischen in der siebten Klasse ist, hat sich stabilisiert. Er kann mit seiner Legasthenie umgehen, er kann lesen und schreiben. Mit der ersten Fremdsprache kommt er zurecht. Das ist ein wunderbarer Erfolg. Wäre da nicht gleich die zweite Fremdsprache, die ab Klasse sieben gelernt werden muß. Mir war klar, daß mit der zweiten

Fremdsprache, Französisch, die Probleme wieder von vorne beginnen: Benotung der Rechtschreibfehler, keine Rücksichtnahme auf Legasthenie, Widerstände gegen den Lehrer und dessen Rückmeldung: »Du mußt mehr lernen!« Mein erster Gedanke: Realschule? Da kann Französisch abgewählt werden, und wir haben endlich Ruhe. Ich bringe ihn wieder zum Therapeuten, weil ich diesen Schritt nicht allein entscheiden will. Er rät dringend ab, sagt, der Junge ist schon jetzt unterfordert, seinen Altersgenossen um zwei Jahre voraus! Und wenn er wegen Französisch sitzenbleibt? Noch schlimmer, dann ist er völlig unterfordert!
Inzwischen ist Max fünfzehn Jahre alt. Als dieses Buch 1998 erschien, hat er noch einmal die Schule wechseln müssen. Entgegen aller vorangegangenen Widerstände des inneren als auch des äußeren Schulsystems, hat er nun durch Intervention des Therapeuten einen Ort gefunden: Er wurde auf einem Gymnasium aufgenommen, das ein Förderkonzept für hochbegabte SchülerInnen anbietet. Max wurde in dieses Förderkonzept »Leistungsklasse« integriert und nahm schon drei Monate später erfolgreich am Schülerwettbewerb »Deutsche Geschichte« um den Preis des Bundespräsidenten teil.

3
Was ist Legasthenie?

In der Wissenschaft gleichen wir alle nur den Kindern, die am Rande des Wissens hie und da einen Kiesel aufheben, während sich der weite Ozean des Unbekannten vor unseren Augen erstreckt.

Isaac Newton

Der Begriff *Legasthenie* wurde 1916 von dem ungarischen Neurologen und Psychiater Paul Ranschburg geprägt, die Symptome gab es lange vorher. Legasthenie kommt von »legere« (lateinisch für »lesen«) und »Asthenie« (griechisch für »Schwäche«) und wird im Lexikon definiert als Lese-Rechtschreib-Schwäche, als Schwäche im Erlernen des Lesens und orthographischen Schreibens bei vergleichsweise durchschnittlicher oder sogar guter Allgemeinbegabung des Kindes[3]. Im Duden wird Legasthenie als Leseschwäche definiert, als Schwäche, Wörter und zusammenhängende Texte zu lesen oder zu schreiben (bei Kindern mit normaler oder überdurchschnittlicher Intelligenz und Begabung)[4].
Beunruhigend viele Schülerinnen und Schüler in Deutschland sind Legastheniker. Genaue Zahlen gibt es nicht, aber aus Forschungsarbeiten im Zusammenhang mit standardisierten Tests weiß man, daß schätzungsweise fünf bis fünfzehn Prozent aller Kinder Lese- und Rechtschreibfähigkeiten zeigen, die weit unterdurchschnittlich sind und nicht ausreichen, um das spätere Leben meistern zu können.
»Die Fähigkeit, lesen und schreiben zu können, ist Voraussetzung zur Orientierung des Menschen in seiner Umwelt. Sie ist Voraussetzung auch für eine erfolgreiche sinnerfüllte

Berufstätigkeit«, schreibt Bundesminister Rüttgers in seinem Grußwort als Schirmherr für den 11. Fachkongreß des Bundesverbandes Legasthenie in Darmstadt im Oktober 1995.

Wie sieht aber die Wirklichkeit von erwachsenen Legasthenikerinnen und Legasthenikern aus, die nicht frühzeitig gelernt haben, mit ihrer Legasthenie konstruktiv umzugehen? Wie zeichnet das in jungen Jahren geschädigte Selbstwertgefühl ihren späteren Alltag? Im schlimmsten Fall werden sie als *Versager* enden und ihr Leben verspielen. Möglich auch, daß sie einen Beruf finden, in dem sie ihre *Schwäche* kaschieren können. Etwas so Sichtbares wie Schrift verheimlichen zu müssen erfordert eine Menge Energie und raffinierte Strategien. Die Angst zu versagen sitzt allen im Nakken, und zwanghaftes Verhalten ist die Folge. In Streßsituationen wie beispielsweise bei Arnes, der 30 Jahre alt ist und kurz vor seiner Diplomprüfung in Psychologie steht, kommen alte Ängste massiv wieder hoch. Lesbar schreiben, sagt er, kann er nur, wenn keine Emotionen im Spiel sind, und auch dann muß er, ob mit der Hand oder auf dem Computer, Buchstabe an Buchstabe setzen, was extrem zeitaufwendig und anstrengend ist. Von einem angstbesetzten Sicherheitsfanatismus getrieben, legt er sich auf seine Weise mit dem System Sprache an – ein nervenaufreibender Kampf:

> »Da entsteht natürlich immer wieder die Angst, wie jetzt vor der Diplomprüfung, schaffst du das? Das ist schon ziemlich grauenvoll. Schon der Schriftverkehr mit den Behörden macht mir angst. Da sorge ich bestmöglich für mich vor, per Computer. Vorgeschriebene Schriftstücke ganz in Ruhe durchdacht, keine Telefonkontakte, was mich zu spontanen problematischen Re-

aktionen hinreißen könnte, und genaues Durchdenken von jedem Schritt, den ich sprachlich äußere oder der auf mich zukommen könnte. Auch da bin ich Perfektionist, aus der Angst getrieben, immer an dieser Grenze, wo ich zum Teil merke, hier bedürfte es gar nicht so vieler Energie. Ich hab einfach zu wenig Zeit, ich hab seit Jahren keine Ferien mehr gemacht. Lernen und Beruf hat eine Überdimension bei mir. Durch diese Formen des Umgangs mit dem Wissen, dem Lernen und der Sprachproduktion, diesen grundlegenden Kulturtechniken, bin ich nicht frei, mich damit zu identifizieren. Das ist der Teufelskreis, in dem ich stecke.«

Arnes

Das Phänomen Legasthenie löst bei allen Beteiligten Verwirrung aus. Legastheniker sind immer noch Vorurteilen und unhaltbaren Wertungen ausgesetzt, die selten offen ausgesprochen werden. Assoziationen, daß bei ihnen im Kopf etwas nicht stimmt, sind an der Tagesordnung. Logisch, wer Schwierigkeiten hat, lesen und schreiben zu lernen, fällt auf, spätestens in der Schule. Hier wird Legasthenie zum Problem. Zunächst ist es jedoch wichtig, sich der Tatsache zu stellen und Aufklärung zu schaffen.

Der Entwirrungsprozeß ist nicht einfach. Legasthenie zu begreifen ist eine Herausforderung. Nicht nur, daß sie insgesamt nicht greifbar scheint, sie ist nicht mal kalkulierbar. Wann sie ausbricht, wie stark sie ausbricht und ob sie ausbricht, das ist ganz verschieden. Warum sie überhaupt ausbricht, darüber sind sich die Wissenschaftler schon gar nicht einig. Für die Betroffenen hat es wenig Sinn, sich darüber den Kopf zu zerbrechen. Das führt nicht weiter.

In Deutschland wird es inzwischen sogar vermieden, den Begriff *Legasthenie* zu benutzen. Die Kultusminister der Länder sprechen in ihren Erlassen und Verordnungen von »besonderen Schwierigkeiten beim Lesen, Schreiben und Rechtschreiben«, von LRS, gleichbedeutend mit Lese- und Rechtschreibschwäche. Der Begriff *Legasthenie* ist gestrichen. Und damit auch das Bewußtsein, daß es sie gibt, die Legasthenie. Der Begriff *Legasthenie* wird in Deutschland sozusagen hinter vorgehaltener Hand benutzt. Wundern Sie sich also nicht, wenn der behandelnde Facharzt, der Ihr Kind testet, Sie vor dem Begriff warnt. Und sollte er Ihnen anbieten, Fachlehrer telefonisch oder persönlich über LRS aufzuklären, dann wundern Sie sich nicht, wenn sein Angebot so gut wie nie wahrgenommen wird. Es kommen keine Fragen. Damit müssen Sie sich abfinden. Psychiater, Psychologen, Professoren, Pädagogen und staatliche Organe sprechen nur noch von LRS. Es gibt also drei Begriffe: *Legasthenie, Lese-Rechtschreib-Schwäche,* für die das Kürzel *LRS* eingeführt worden ist, und den Begriff *Lese-Rechtschreib-Schwierigkeiten,* der in den Erlassen der Kultusminister Verwendung gefunden hat.

Schaut man sich die sogenannten LRS-Kurse in den Schulen an, so findet man dort auch viele Nicht-Legastheniker. Die Meinung, daß Legasthenie nur als Vorwand benutzt wird, ein eigentlich unbegabtes, faules Kind zu schützen, um ihm einen *Freifahrtschein fürs Abitur* zu geben, ist in Deutschland weit verbreitet und versetzt den Betroffenen einen besonderen Stich.

Legasthenie ist stigmatisiert, und deshalb ist es so wichtig aufzuklären, um konstruktiv mit ihren negativen wie positiven Seiten umgehen zu können. Sonst gehen die Betroffenen unter wie schon so viele vor ihnen. Legastheniker lassen sich allerdings durch ihren besonderen Lernstil nicht so einfach in die Norm unseres Regelschulsystems integrieren.

Eine 1995 vom Bundesverband Legasthenie durchgeführte Umfrage bei Universitäten und Hochschulen zur Behandlung dieser Problematik in der Lehrerausbildung ergab ein düsteres Bild. Für nicht fortgebildete Lehrerinnen und Lehrer ist ein Legastheniker eine unvorstellbare Herausforderung. Einen Eindruck gibt das folgende Diktat, das Nina, zehn Jahre alt, in der fünften Klasse geschrieben hat (siehe Seite 50).

Zum Verständnis, hier der Originaltext:
Die Zombies kommen. Tante [Tanja] kommt zu Besuch und bringt ihrer Nichte ein Geschenk mit. Die Nichte packt das Geschenk aus. Dann wird der Stalljunge gerufen, und es wird Kaffee und Kuchen gegessen. Der kleine Bruder der Nichte, Nils, muß noch mit dem Hund rausgehen, und Tante Tanja und ihre Nichte fahren nach Hause in die Stadt, dort wo Tante Tanja wohnt. Sie bleiben dort [über] die Ferien. Nils ist grade wieder zu Hause und geht ins Bett. Er hat einen Alptraum, in dem er vor den Zombies gewarnt wird. »Nehme dich in acht vor Nüssen! Du darfst keine Nuß knacken, denn du bist der siebte Urenkel deiner Väter [deines Urgroßvaters], der den Anführer der Zombies getötet hat. Und immer der siebte Urenkel, an dem wird sich gerächt. Am nächsten Tag geht Nils wieder mit seinem Hund raus. Aber er geht eine andere Strecke. Immer wieder knackt es unter seinen Füßen. Als er wieder zu Hause ist, sagt ihm irgendeine Stimme, daß er auf eine Nuß getreten ist und die Zombies frei sind. Jetzt werden sie sich rächen.

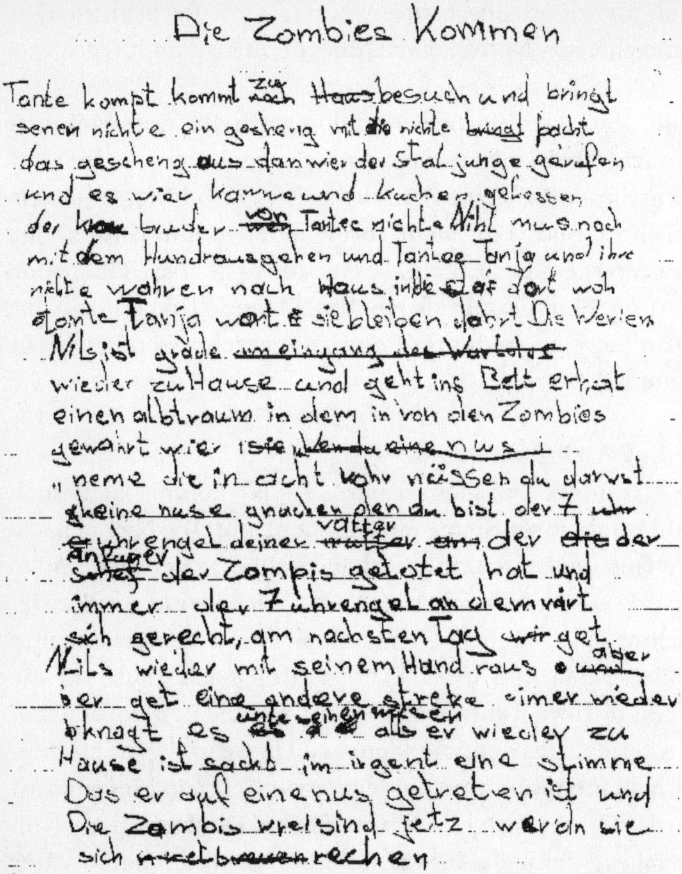
Die Zombies Kommen

Tante kompt kommt zu nach Haus besuch und bringt
senen nichte ein geshenq mit die nichte bringt packt
das geschenq aus dan wier der Stal junge gerufen
und es wier kamme und kuchen gegessen
der bruder von Tante nichte Nihl mus noch
mit dem Hund rausgehen und Tante Tanja und ihre
nikte wahren nach Haus in die Staf dort woh
Tante Tanja wort sie bleiben dabt Die Werien
Nils ist grade am eingang des Warlotes
wieder zu Hause und geht ins Bett er hat
einen albtraum in dem in von den Zombies
gewahrt wier ist eine nws
„neme die in acht vohr nüssen du darwst
keine nuse gnacken den du bist der Z
Führengel deiner vatter mutter der die der
Anfuger Schef der Zompis getotet hat und
immer der Führengel an dem värt
sich gerecht, am nachsten Tag geht
Nils wieder mit seinem Hund raus aber
er get eine andere strecke imer wieder
bringt es unterzeichen aber wieder zu
Hause ist sacht im irgent eine stimme
Das er auf eine nus getreten ist und
Die Zombis sind jetz werdn sie
sich rechen

Nina: Diktat in der fünften Klasse

Ein legasthenisches Kind ist unbequem. Wenn es nicht angenommen wird und ihm kein Verständnis entgegengebracht wird, entwickelt es Verhaltensstörungen und eignet sich falsche Techniken an, weil es seine Unfähigkeit, unsere Sprachsymbolik zu beherrschen, kaschieren muß. Die Fol-

ge: *psychoreaktive Störungen,* so nennt es die Fachsprache. Spätestens an diesem Punkt kann der Abstieg schnell beginnen. Viele Legastheniker sind jedoch sehr intelligent.
Daß es sich bei Legasthenie nicht um eine Beeinträchtigung des Denkens und der Intelligenz handelt, das bestätigt inzwischen die wissenschaftliche Fachliteratur. Die Bereitschaft, Verständnis aufzubringen, ist trotzdem eher rückläufig – ein legasthenischer Schüler ist eben noch ein Problem *mehr* für gestreßte Pädagogen. Und weil diese Problematik in der Lehrerausbildung so gut wie gar nicht thematisiert wird, hält sich bei vielen das hartnäckige, längst widerlegte Vorurteil: Wer nicht schreiben kann, ist dumm.

> »Unbeschwert war die Schule nicht, nein. Ich konnte Gedichte rezitieren, philosophische Texte wiedergeben, das Abc aber nicht oder einfache Wortzuordnungen. Ich konnte nicht rechnen, aber hochkomplexe mathematische Zusammenhänge in der Statistik verstehen.«
>
> *Arnes*

Im Umgang mit Legasthenie/LRS ist die Schule das Hauptproblem, weil hier die Weichen für das spätere Leben gestellt werden. Fatale Fehleinschätzungen legasthenischer Kinder sind an der Tagesordnung, weil es kaum Pädagoginnen und Pädagogen gibt, die ausgebildet sind, mit ihnen und mit ihrem anderen Lernstil umzugehen. Hier beginnt auch das Dilemma für jeden Begleiter: Engagiert man sich, kann man zum Lehrerschreck avancieren. Engagiert man sich nicht, wird das Kind fortschreitend in seinem Selbstwertgefühl zerstört, weil es in seiner vermeintlichen Dummheit vorgeführt wird. Und es ist nicht nur das Schreiben und

Lesen, was diese Kinder auffällig werden läßt, sie sind oft auch hyperaktiv, unordentlich, chaotisch, frech oder das Gegenteil, sie werden zu Problemfällen.

Auch wenn definiert ist, daß es die vorrangige Aufgabe der Schule ist, allen Kindern in den elementaren Kulturtechniken Lesen, Schreiben und Rechnen tragfähige Grundlagen zu vermitteln, da diese für ihr weiteres Leben unentbehrlich sind, ist die Realität eine andere. Die Realität so zu sehen, wie sie ist, ist ein Prozeß, der nicht ohne Schmerzen und Kräfteverschleiß abgeht. Er ist überlebenswichtig für die betroffenen Menschen, sonst wird das Familienleben zur Tortur, in dem nur noch das Thema Schule existiert.
Die Kultusbehörden der Länder sehen es als Aufgabe der Schule, Schülerinnen und Schüler, die besondere Schwierigkeiten beim Lesen und Rechtschreiben haben, zu fördern. Dazu hat beispielsweise das Kultusministerium in Nordrhein-Westfalen Grundsätze in Form eines Erlasses beschlossen, die als Richtlinien für die Schulen gedacht sind. Das betrifft Fördermaßnahmen seitens der Schule sowie Leistungsfeststellung und Leistungsbeurteilung. Der Erlaß bietet Ermessensspielräume in der Benotung von Rechtschreibleistungen im Fach Deutsch sowie in den Fremdsprachen. Abschlüsse und Versetzungen dürfen nicht an LRS scheitern. Der Erlaß fällt zwar unter die sogenannten Verwaltungsvorschriften, die als rechtliche Regelungen bindend sind. Der bindende Charakter wird jedoch dadurch durchbrochen, daß die Regelungen mit »kann« oder »können« formuliert sind, den Organverwaltern also Ermessensspielräume eingeräumt werden. Das heißt, der Erlaß ist eine *Kann-Bestimmung*, und es hängt vom jeweiligen Lehrer ab, ob er zur Anwendung kommt. Das hat bei vielen Lehrern

zur Folge, daß sie einfach behaupten, bei ihnen gäbe es solche Kinder nicht, wenn sie zusätzliche Förderung anbieten müssen. Sie sagen, sie würden es bei Aufsätzen oder Diktaten nicht so sehr gewichten, um die Rate der Legastheniker oder LRS-Kinder möglichst gering zu halten und im Idealfall auf Null zu setzen. Das bedeutet für die Schule, daß sie auch keine Förderung anzubieten braucht. Allerdings gilt das nicht für alle. Viele Schulen nehmen den Auftrag schon ernst und engagieren sich sogar über das, was vom Gesetzgeber erwartet wird, hinaus.

Die Streichung des Begriffs Legasthenie im Runderlaß des Kultusministeriums Nordrhein-Westfalen[5] ändert nichts am Erscheinungsbild der Legasthenie. Eine Begriffsänderung wäre wohl nur sinnvoll gewesen, wenn sie wenigstens eine Entstigmatisierung bewirkt hätte. Das ist aber nicht geschehen, denn der neue Begriff LRS wird zwar nicht mehr ausgeschrieben, trägt aber, nur nicht mehr direkt sichtbar, doch immanent, auch den Teilbegriff *Schwäche*. In Wirklichkeit hat die Begriffsänderung eher zu einer Verschleierung beigetragen und legt ein weiteres ungelöstes Problem auf die Lehrer- und Elternschultern, was nicht gerade deren Beziehung fördert.

Legasthenie – ein Mythos?

Immer wieder taucht die Frage auf: Gibt es sie überhaupt, die Legasthenie, oder ist sie ein Mythos?

> »Formal könnte man das sogar so sehen, daß es Legasthenie nicht gibt. Es gibt nicht zwei Legastheniker, die das gleiche ›Ding‹ haben. Mit anderen Worten, es gibt keinen Standard und keine Norm, die für Leg-

asthenie gültig sind. Formal gesehen existiert sie damit nicht. Aber einem Legastheniker, der unter diesen Auswirkungen sein ganzes Leben lang gelitten hat, zu sagen, Legasthenie existiere nicht, wird ihn nicht glücklich machen. Legasthenie gibt es nämlich doch, nur existiert sie als persönliche Beschaffenheit bzw. Begabung, sie ist ein individuelles Phänomen. Es ist das gleiche, wie wenn man die Existenz eines musikalischen oder mathematischen Genies abstreiten würde. Auch diese Begabungen existieren, auch wenn man sie nicht formalisieren kann.«[6]

Ronald D. Davis

Auf mich, als die Mutter eines betroffenen, überdurchschnittlich begabten Kindes, wirkt eine Diskussion über die Existenz oder Nichtexistenz von Legasthenie schon sehr deprimierend. Ich habe Phänomene bei meinem Sohn erfahren, die, wenn ich nichts unternommen hätte, in unserem gegenwärtigen Normen- und Schulsystem dazu geführt hätten, daß seine natürliche Entwicklung nachhaltig geschädigt, wenn nicht gar zerstört worden wäre. Wie man diese Phänomene nennt, ist für mich zunächst zweitrangig, sie sind jedenfalls da. Und ich finde es mehr als problematisch, die Existenz eines Begriffes nur deswegen in Frage zu stellen, weil man ihn (noch) nicht präzise genug fassen kann. Die offenbar vorhandenen Symptome verschwinden dadurch jedenfalls nicht. Auch eine Umdefinition oder eine neue Namensgebung machen für mich nur dann Sinn, wenn neue, *unumstößliche* Erkenntnisse auftauchen oder sie aber dem Zweck dienen, eine Entstigmatisierung zu erreichen. Ansonsten ist das Thema im Interesse der zukünftigen Chancen unserer Kinder zu wichtig, als daß wir durch einen Streit um Worte kostbare Zeit vergeuden sollten und dabei letztlich die ganze Sache nur noch weiter verkomplizieren.

Wir sollten uns auf Fragen konzentrieren, die uns weiterbringen, etwa auf die Frage, ob das, was wir Legasthenie nennen, überhaupt erst durch unser Normensystem zum Problem wird? Nach meinen Erfahrungen erscheint mir das ziemlich plausibel. Für mich sind Legastheniker, jedenfalls alle, die ich näher kennengelernt habe, ganz *normal*. Ihre Wahrnehmungsweise scheint aber mit der gegenwärtigen Norm von *normal* zu kollidieren, und die Norm entspricht möglicherweise nicht dem, was für diese Kinder *normal* ist. Wäre die Norm anders, würden diese Kinder in ihrer Ganzheit mit ihren Schwächen und Begabungen fair bewertet, würde das, was man jetzt im negativen Sinne als Legasthenie bezeichnet, wahrscheinlich aus einer ganz anderen, auch positiven Perspektive gesehen werden können. Die Begriffsdiskussion könnte sich dadurch relativieren, weil sich die Stigmatisierung von selbst auflösen würde.

Wie erkennt man Legasthenie?

Anhand der nachfolgenden Listen können Sie selbst prüfen, ob ein Kind förderungsbedürftige Lese-Rechtschreib-Schwierigkeiten hat.[7] Wenn Sie mehrere der Symptome bei Ihrem Kind wiedererkennen, sollten Sie in jedem Fall eine Untersuchung auf Legasthenie (Lese-Rechtschreib-Schwäche) von einer anerkannten Stelle (Erziehungs- oder Legasthenieberatungsstelle, Schulpsychologischer Dienst, Psychologische Praxis, Neurologische Klinik etc.) durchführen lassen.

Lesen

- Häufige Fehler beim lauten Lesen;
- zahlreiche Selbstkorrekturen;
- langsames bzw. mühsames Erlesen von Wörtern;
- silbenweises Lesen von Wörtern;
- wortweises Lesen von Sätzen und Texten;
- Probleme bei der Verschmelzung von Einzellauten zu Lautfolgen;
- Probleme bei der Sinnentnahme.

Rechtschreibung

- Häufige Fehler beim Abschreiben;
- zahlreiche Fehler in Diktaten und Aufsätzen;
- Verwechslung visuell ähnlicher Buchstaben (z. B.: »dlau« statt »blau«);
- Verwechslung von Buchstaben, die ähnliche Laute repräsentieren (z. B. »krün« statt »grün«);
- Auslassung von Buchstaben, so daß sich die Klanggestalt des Wortes ändert (z. B. »Apfe« statt »Apfel«);
- Auslassung von ganzen Wörtern und längeren Wortteilen (z. B. »Fernseh« statt »Fernsehzeitung«);
- Vertauschen der Buchstabenreihenfolge (z. B. »Fabirk« statt »Fabrik«);
- häufige Fehler aufgrund der Nichtbeachtung bestimmter Rechtschreibregeln (z. B. »Bager« statt »Bagger«);
- Schreibhemmung.

Gesprochene Sprache

- Verwaschene Artikulation;
- stockendes Sprechen;
- Wortschatzarmut;
- Wortfindungsstörungen;

- häufige Bildung von grammatisch bzw. syntaktisch inkorrekten Ausdrücken.

Merkfähigkeit
- Geringe auditive Merkfähigkeit (z. B. beim Vokabellernen);
- geringe visuelle Merkfähigkeit (z. B. beim Einprägen von neuen Wortbildern).

Motorik
- Allgemeine Ungeschicktheit;
- verkrampfte Schreibhaltung;
- undeutliches Schriftbild;
- langsames Schreiben.

Verhaltensauffälligkeiten
- Reduziertes Selbstwertgefühl;
- Schulangst;
- Aggressivität;
- Clownerie;
- Hyperaktivität;
- Konzentrationsschwäche;
- andere psychosomatische Störungen.

Theorien

Dieses Buch hat nicht den Anspruch, sich mit Theorien auseinanderzusetzen. Mir haben Theorien nicht weitergeholfen, im Gegenteil, sie haben mich verwirrt, denn ich habe sie in bezug auf meinen Sohn nicht verstanden. Mein Sohn war in meiner Wahrnehmung nie ein *gestörtes Kind.* Trotzdem halte ich es für wichtig, sich mit den Theorien zur

Legasthenie bis zu einem gewissen Grade zu beschäftigen. Vor allem, um auf das vorbereitet zu sein, was einen Betroffenen, der mit dem offiziellen Etikett *teilleistungsgestört* ausgezeichnet wird, erwartet, und um in der Lage zu sein, als Begleiter Entscheidungen treffen zu können. Ich möchte daher einige Hinweise auf gängige Literatur geben, die auch im Anhang dieses Buches zu finden sind. Eine Fülle von Informationen zum Thema Legasthenie ist inzwischen auch im Internet verfügbar.[8]

Es gibt zahlreiche wissenschaftliche Theorien zu den möglichen Ursachen der Legasthenie. Die Palette ist groß. Legasthenie wird im äußersten Fall als Behinderung der Lesefähigkeit durch genetischen Schaden oder als Folge einer Gehirnverletzung[9] gesehen bzw. als Form der Aphasie[10]. Der amerikanische Arzt Dr. Samuel Torrey Orton erklärte Ende der zwanziger Jahre Legasthenie als »Vertauschung« der Gehirnhälften, verwarf diese Theorie und definierte Legasthenie als »vermischte Dominanz der Gehirnhälften«[11]. Eine endgültige Erklärung gibt es bis heute nicht. Traditionell nehmen Wissenschaftler aber meist immer noch physische Schäden, Mißbildungen oder Funktionsstörungen als Ursachen an. Wird von Legasthenie gesprochen, so meist im negativen Sinne. Was auffällt, sind eben Fehler, vor allem in der Schule.

Im allgemeinen sieht man Legasthenie heute als *Teilleistungsstörung* bzw. *Teilleistungsschwäche in der Wahrnehmung*. Diese Schwäche wird wiederum auf Störungen im Gehirn zurückgeführt, deren Ursachen umstritten sind. Wahrnehmungsstörungen im akustischen, optischen und räumlichen Bereich seien die Folge. Dabei wird davon ausgegangen, daß »an einer bestimmten Stelle« im Gehirn die Interaktion zwischen akustischer und optischer Wahrnehmung, die zur Umsetzung des Gehörten ins Geschriebene notwendig ist, nicht funktioniert.[12]

Arnold Langenmayr[13], Professor für Motivationspsychologie an der Universität Essen, gibt in seinem Lehrbuch einen Überblick über einige wesentliche, gängige wissenschaftliche Theorien und macht folgende Ursachen für die Legasthenie verantwortlich:

- schulische,
- organische,
- psychologische,
- milieutheoretische.

Er zählt die vermuteten Schwächen und Defizite bei Legasthenikern wie folgt auf:

- Schwächen in der visuellen Wahrnehmung,
- visuo-motorische Unreife, motorische Mängel und Raumlagelabilität,
- auditive und motorische Mängel,
- phonomatische Differenzierungsschwäche,
- sprachliche Mängel,
- Schwächen der audiovisuellen Integration und der Reproduktion von Reihungen,
- geringere Speicherkapazität und Symbollernschwäche,
- lokalisierte und funktionelle Hirnstörungen,
- Hemisphärendominanz und Lateralitätspräferenzen,
- physische Verunsicherung und Erlebnisse der Zurückweisung, Diskriminierung,
- Milieu.

Die Pädagogin Edith-Maria Soremba schreibt[14], daß Legasthenie kein generelles visuelles Problem ist, sondern eine Schwierigkeit der sprachlichen Verarbeitung der visuell gebotenen Schriftzeichen. F. R. Vellutino spricht von einer Interaktionsstörung, und zwar einer eingeschränkten Fähigkeit, visuell-verbal-akustische Beziehungen herzustellen.

Wolfgang Schneider[15] gibt einen interessanten Überblick über die klassische Legasthenieforschung sowie über Ergebnisse neuerer Forschungsarbeiten. Nach seinen Erkenntnissen ist das Intelligenzkriterium unwesentlich, weil die Leistungsmaße *Intelligenz* und *Lese-Rechtschreib-Leistung* untereinander kaum zusammenhängen.
Auch die These, daß sich LRS-Kinder durch die Art ihrer Fehler von normalen Rechtschreibern unterscheiden, hat sich nach seinen Untersuchungen für nicht mehr haltbar erwiesen: »Empirisch gesichert ist lediglich der Umstand, daß LRS-Kinder *quantitativ* mehr Fehler machen.«[16]
Er schreibt, daß man neuerdings auch Hinweise findet auf spezifische Mängel der visuellen Informationsverarbeitung. Er verweist auf Untersuchungen, daß Lese-Rechtschreib-Schwierigkeiten dadurch entstehen können, »daß visuelle Informationen zu langsam kodiert und die Position der graphischen Einzelelemente in der Buchstabenfolge eines Wortes nicht adäquat gespeichert werden«.[17]

Neuere Forschungsansätze wie die von Sally E. Shaywitz[18], Professorin an der Medizinischen Fakultät der Yale University, USA, sehen in der Legasthenie eine:

> »Schwäche der Phonem-Analyse bei oft beachtlichen Stärken im Denken und Problemlösen, in Konzeptbil-

dung, Logik und Wortschatz. Möglicherweise nutzen akademisch geschulte Legastheniker sogar im besonderen Maße übergeordnete Konzepte, Modelle und Theoriegebäude, um sich Einzelheiten zu merken. Auffallend ist ja, daß sie sich Listen unbekannter Wörter außerhalb eines Sinnzusammenhangs meist nur mit großer Mühe einzuprägen und dann selten rasch aus dem Kopf abzurufen und zu artikulieren vermögen.«

Shaywitz hat in ihren Untersuchungen herausgefunden, daß Legastheniker Überdurchschnittliches leisten, was Denken und Konzeption angeht. Auch die Aachener Beratungsstelle sieht Legasthenie nicht als geistigen Defekt.

Walter J. Zielniok in einem Brief an Eltern von LRS-Kindern:

> »Die Ursache der Lese-Rechtschreibschwäche kann nicht in einem Intelligenzdefekt gesehen werden. Selbst hochbegabte Kinder können Schwierigkeiten beim Lesen- und Schreibenlernen haben … Zwar haben sich Mediziner zuerst in Zusammenhang mit Sprachstörungen und Leseversagen nach Hirnverletzungen damit beschäftigt. Aber was sich heute als Lese-Rechtschreibschwäche bei Kindern und Jugendlichen darstellt, ist zunächst eine Angelegenheit der Pädagogen, das heißt der Lehrer und des Lernens in der Schule und in diesem Sinne keine Krankheit.«[19]

Legasthenie fällt in Fachkreisen unter den Sammelbegriff *Teilleistungsstörungen,* es wird von Störungen der Sinneswahrnehmung und der Wahrnehmungsverarbeitung gesprochen. Der Begriff *Legasthenie* ist in der Wissenschaft nicht eindeutig definiert. Die Fachleute können sich darüber nicht einigen, weder über die Erklärung dieses Phänomens noch über seine Ursachen. Es ist anzunehmen, daß das an den verschiedenen Ebenen liegt, in denen sich Legasthenie zeigt, die wiederum aus mindestens ebenso vielen Ursachen resultieren können. Fest steht, daß alle legasthenischen Schülerinnen und Schüler aber folgendes gemeinsam haben, nämlich Schwierigkeiten, Lesen oder Schreiben zu lernen, Schwierigkeiten in der Rechtschreibung und ihre Gedanken aufs Papier zu bringen.[20]

> »Bei emotional aufregenden oder traurigen Dingen kann ich nicht so analytisch Buchstabe an Buchstabe reihen, dann bin ich schon nicht mehr bei dem Gefühl, das geht schneller. Die Dinge, die ich da sagen möchte, möchte ich schneller sagen. Die Schrift bleibt in keinem sauberen Kontinuum. Anders bei meinen Schriftprodukten, die ich versuche klar, ich sag mal für die Öffentlichkeit verständlich, umzusetzen. Die sind im Grunde genommen emotionsfrei oder zumindest kognitiv durchdacht und nicht spontan emotiv produziert. Wenn ich frei heraus mit meinen Emotionen schreibe, dann kannst du das nicht mehr lesen. Es kommt zwar auch was, aber es ist eine munter, frei umhertanzende Linie auf dem Papier.«
>
> *Arnes*

Legasthenikerinnen und Legastheniker sind normal- bis hochbegabte Kinder, die das Lesen und Schreiben unter erschwerten Bedingungen erlernen. Die Einweisung in eine

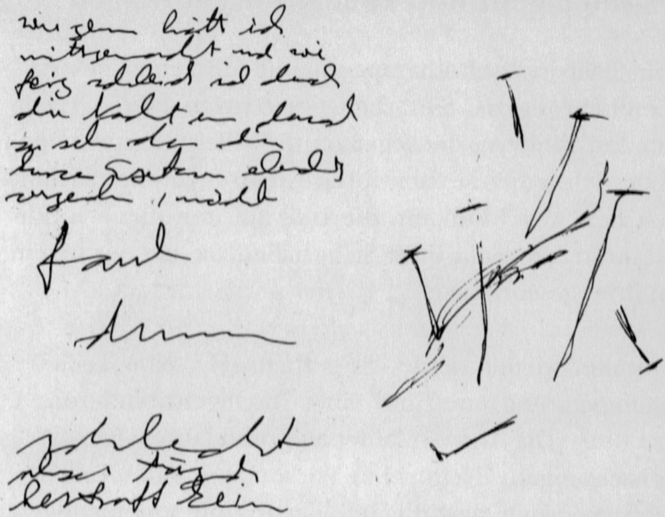

Arnes' Schrift bei heftigen Emotionen

Sonderschule ist nicht angezeigt. Die möglichen Ursachen liegen *im Kind* selbst – ohne Schuldzuweisung an das Kind, an die Schule oder an das Elternhaus[21] – in dem Sinne, daß es *anders* ist als der Durchschnitt, daß es anders lernt, ansonsten aber sehr begabt sein kann. Zum Problem wird das erst dadurch, und hier liegt die Schwäche des Schulsystems, daß dieses auf *anders sein* nicht eingestellt und vorbereitet ist. Statt dessen versucht die Schule in der Regel, legasthenische Kinder in die vorhandenen Normen zu pressen. Das funktioniert aber nicht.

Intelligenz und Teilleistungsstörungen

Karin Staab ist Psychotherapeutin und führt eine kindertherapeutische Praxis. Sie arbeitet seit vielen Jahren erfolgreich mit Kindern, die sogenannte Teilleistungsstörungen haben. Ich habe sie nach ihren Erfahrungen befragt und nach den Auswirkungen, die LRS auf betroffene Kinder und ihren Alltag aus ihrer Sicht haben. Sie hat mir folgenden Brief geschrieben:

»Immer wieder werde ich gefragt: ›Hat eine Teilleistungsstörung etwas mit einer Intelligenzminderung zu tun?‹. Die Antwort lautet aufgrund jahrelanger Beobachtungen: ›Nein!‹. Das Vorkommen einer Teilleistungsstörung und die Intelligenz sind voneinander weitgehend unabhängig. Die Struktur der Intelligenz wird aber durch die Teilleistungsstörung beeinflußt.
Eine Teilleistungsstörung wirkt sich ungünstig auf die affektiven Beziehungsstörungen zwischen dem Kind und seiner Umwelt aus. Ein Kind erfährt früh, daß es im Lern-Leistungsbereich Schwächen hat; der Vergleich zu anderen Kindern ist vorhanden und wird wahrgenommen. So verschafft die Teilleistungsstörung dem Kind eine negative Lernstruktur, die zur Folge hat, daß das Kind mit Verhaltensstrategien reagiert:

- Die Kinder zeigen extrem unruhiges und unkonzentriertes Verhalten.
- Aufmerksamkeitsdefizite, Resignation oder auch Oppositions- und Aggressionsverhalten, gegenüber allen, die mit Leistungsanforderung in Verbindung stehen.

- Ich beobachte aber auch, daß Kinder sich zurückziehen, ängstlich, scheu und mutlos werden; ihr Selbstwertgefühl und Selbstbewußtsein ist so weit gesunken, daß suizidale Reaktionen auftreten können.

Und dies alles bei einer durchschnittlichen bzw. überdurchschnittlichen Intelligenz, oder sogar mit einem weit überdurchschnittlichen Intelligenzquotienten.
Bei einer Teilleistungsstörung liegen Störungen der Sinneswahrnehmung und Sinnesverarbeitung vor, insbesondere sind es Schwächen der auditiven, visuellen und taktil-kinästhetischen Wahrnehmungsverarbeitung. Professor Remschmid spricht von einer ›umschriebenen Entwicklungsstörung schulischer Fertigkeiten, die von frühen Entwicklungsstadien an vorhanden ist, und nicht eine Folge eines Mangels an Gelegenheit zu lernen und nicht alleine als Folge einer Intelligenzminderung oder irgendeiner erworbenen Hirnschädigung oder Hirnerkrankung aufzufassen ist‹.[22] Eine bedeutsame Beeinträchtigung dieser speziellen Fertigkeiten (Lesen, Schreiben, Rechnen) erfolgt durch die schulische Bewertung.
Allzuoft habe ich erlebt, daß Kinder, die eine Teilleistungsstörung haben, so auffällig waren, einen totalen Leistungsabfall haben, daß die Schulform gewechselt werden mußte. In bleibender Erinnerung ist mir in diesem Zusammenhang ein Sonderschüler, der einen Intelligenzquotient von 139 hatte.
Eine gute und ausführliche Diagnostik – wie ich sie in der kinderpsychiatrischen Praxis kennengelernt habe – ist hierbei unerläßlich. Neben einer medizinischen Untersuchung steht zur allgemeinen Orientie-

rung ein IQ-Test, um gegebenenfalls eine Lernbehinderung auszuschließen. Des weiteren sollten exakte Untersuchungen psychosomatischer Auffälligkeiten, visuo-audioperzeptiver Störungen sowie auch von Raum-Lage-Labilitäten erfolgen.
Erst nach einer entsprechenden Diagnostik kann dann eine Therapie erfolgen, die meiner Meinung nach nur interdisziplinär durchzuführen ist, um dem Kind eine Entlastung von seiner Teilleistungsstörung zu gewährleisten.«

Therapie oder Technik

Karl-Ludwig Herné arbeitet als Sprachwissenschaftler in der Beratungsstelle für Lese-Rechtschreib-Schwäche/Legasthenie in Aachen. Die Beratungsstelle hat insofern eine Sonderstellung, als sie keine kommerziellen Interessen verfolgt. Sie besteht seit 1989 und hat seitdem etwa 1500 individuelle Beratungen durchgeführt und Eltern wie Kinder gleichermaßen helfen können, ihre Probleme weitgehend zu überwinden. Ein weiterer Schwerpunkt der Beratungsstelle sind Lehrerfortbildungen. Die Beratungsstelle ist, wie schon erwähnt, ein Projekt der Aachener Hochschule, einer der wenigen Universitäten, die das Thema Legasthenie in ihrer Lehrerausbildung thematisiert und den Lehrern somit das erforderliche Rüstzeug mit auf den Weg in die Schule gibt.

»Es gab vorher ein Projekt, da ging es um die Förderung von schwervermittelbaren, jüngeren Analphabeten, von denen man glaubte, daß man bei ihnen noch etwas bewirken kann, daß man ihnen noch ein bißchen Schrift mit auf den Lebensweg geben kann. Das ist bei älteren Arbeitslosen nicht mehr ohne weiteres möglich. In diesem Projekt, das wir zusammen mit dem Arbeitsamt Aachen durchgeführt haben, wurde uns sehr schnell klar, daß es nicht nur Erwachsene gibt, die diese Probleme haben, sondern auch viele Kinder und Jugendliche. Hier ist letztendlich auch die Wurzel des Übels zu suchen, da müßte man eigentlich ansetzen. Man sollte versuchen, den Unterricht in der Grundschule so zu gestalten, daß möglichst wenig Kinder diese Probleme zeigen. Das geschieht leider immer noch nicht. Es wäre aber der Auftrag der Schule, vor allem der Grundschule, möglichst vielen Kindern das Lesen und Schreiben in ausreichendem Maße beizubringen, daß die Kinder nicht irgendwann an den Punkt gelangen, wo sie an sich selbst zweifeln.«

Herné bezeichnet Kinder dann als Legastheniker, wenn sie wesentlich mehr Fehler machen, als man aufgrund ihres Entwicklungsalters erwarten kann.
Legasthenie ist für ihn keine Krankheit. Er wehrt sich dagegen, daß *seine Kinder* zu Kranken abgestempelt werden. Er sagt: »Wenn hier etwas krank ist, dann sind es nicht die Kinder, sondern unser Schulsystem, welches nicht in der Lage ist, allen Kindern das Lesen und Schreiben in ausreichendem Maße beizubringen.«
Wenn Legasthenie keine Krankheit ist, warum müssen dann legasthenische Kinder *therapiert* werden? fragte ich ihn. Herné hat mit dem Begriff Therapie in der Tat Probleme, da diese Bezeichnung ja gerade nahelegt, LRS sei eine Krankheit. Sein Anliegen ist es aber, die betroffenen Kinder vor einer solch fatalen Schlußfolgerung in Schutz zu nehmen. Herné meint, wenn man Therapie einfach als eine Methode

bezeichnet, die zum Ziel hat, daß eine Verhaltensänderung bewirkt wird, und das trifft auch auf den normalen Schulunterricht zu, dann könne er sich mit dem Begriff anfreunden. Letzten Endes gehe es aber darum, den Kindern *Techniken zu vermitteln,* wie sie sich Schrift aneignen können, wie immer man das nennen will – und dies müssen die Kinder selbst tun, man kann es ihnen nicht abnehmen.
Daß dies gelingt, hängt häufig damit zusammen, daß Legastheniker besonders intelligent sind.

> »Bei 80 Prozent der Kinder kann man davon ausgehen, daß sie mindestens durchschnittlich, häufig sogar überdurchschnittlich begabt sind. Wenn sich beispielsweise in einem allgemeinen Leistungstest herausstellt, daß das Kind in der Lage ist, logische Strukturen zu erkennen, und diese auch auf andere Situationen übertragen kann, besteht große Aussicht, daß man im Bereich des Lesens und Schreibens die Strukturen der Schrift mit dem Kind thematisieren kann. Auf diesem Wege wird *über den Kopf* erreicht, daß es diese Strukturen erkennt, internalisiert und darauf vorbereitet wird, diese automatisch in entsprechende Schreibweisen umzusetzen. Diese *verkopfte* Methode ist allerdings nicht bei allen Kindern anwendbar. Bei Kindern, die größere allgemeine Lernprobleme haben, müßte man ganz andere Wege beschreiten, um sie zur Schrift zu führen.«

Dringend förderungsbedürftig sind legasthenische Kinder im Bereich von Prozentrang null bis 15. Das Ziel der Förderung ist, das Kind so weit an die Schrift heranzuführen, daß es ein durchschnittliches Testergebnis vom Rang 50 Prozent plus/minus zehn Prozent erzielt. Man kann sagen, daß im Schnitt anderthalb Jahre erforderlich sind, um ein LRS-Kind auf den Weg zu einem durchschnittlichen Rechtschreiber zu führen. Es gibt natürlich Kinder, die wesentlich länger brauchen, und Kinder, die das in viel kürzerer Zeit schaffen. Beides ist aber eher die Ausnahme.

Karl-Ludwig Herné hat eine Software entwickelt, um mit LRS-Kindern am Computer zu arbeiten. Die Arbeit am Computer kommt ihnen sehr entgegen, sagt er, weil sie häufig auch große Motivationsprobleme haben. Wenn die Software attraktiv gestaltet ist, kann man die Kinder, nach seiner Erfahrung, über ein solches Medium eher dazu bewegen, sich mit einem Bereich auseinanderzusetzen, der mit vielen leidvollen Erfahrungen verbunden ist, als wenn man sich ausschließlich auf traditionelle Methoden und Materialien verlassen würde. Ein ganz entscheidender Punkt dabei ist, daß Kinder, wenn sie von einem Medium wie dem Computer auf Fehler hingewiesen werden, eher bereit sind, dies zu akzeptieren, als wenn sie immer wieder von der Mutter oder anderen Personen auf ihre Fehler hingewiesen werden. Da reagieren sie allergisch. Der Computer macht sie unabhängiger von Personen und der Erinnerung an die Schwäche.
Ein anderer Aspekt ist, daß allein das Schriftbild auf dem Computer schon dazu führen kann, daß Kinder Zusammenhänge zwischen der gesprochenen und geschriebenen Sprache viel leichter erkennen, weil das Schriftbild klarer und gegliederter ist. Sie sehen, wo die Buchstaben aufhören, die Schrift ist gedruckt, keine verbundene Schreibschrift, die Buchstaben sind gut leserlich. Allein diese Tatsache kann dazu führen, daß Kinder sich die Schrift besser

und leichter aneignen, als es mit herkömmlichen Materialien möglich wäre. Das eigene Schriftbild führt unter Umständen dazu, daß Fehler stehenbleiben und nicht vom Lehrer korrigiert werden können, weil er den Fehler nicht erkannt hat. Er hat zum Beispiel ein »d« durchgehen lassen und nicht als Fehler erkannt, weil das Kind durch den Hals des »d« noch einen Strich gemacht hat. Beim Computer muß man sich für einen Buchstaben entscheiden, entweder »d« oder »t«, irgend etwas dazwischen gibt es nicht. Die Tatsache, daß das Kind sich festlegen muß, führt dazu, daß Fehler entdeckt werden und immer auf Fehler hingewiesen werden kann: Das halte ich für positiv, denn aus Fehlern kann man nur lernen. Fehler sind notwendiger Bestandteil jedes Lernprozesses.

Ein anderer Blickwinkel

Die *British Dyslexia Association (Dyslexia* ist das englische Wort für *Legasthenie)* gibt es bereits seit 1896. Von ihr kommt das Zitat: »100 Jahre sind vergangen, seit man Legasthenie als Behinderung kennt, und in manchen Teilen der Welt wird sie als solche noch immer nicht akzeptiert. Müssen nochmals 100 Jahre vergehen, bevor die positiven Fähigkeiten, die im Zusammenhang mit Legasthenie stehen, erkannt werden?«[23] Die *British Dyslexia Association* weist darauf hin, daß viele Legastheniker hochbegabt und kreativ sind.[24] Auch Pädagogen, Sprachwissenschaftler, Therapeuten und wissenschaftlich arbeitende Mediziner verweisen, basierend auf ihrer praktischen Arbeit mit Legasthenikern, vermehrt auch auf positive Aspekte der Legasthenie hin: Begabung und Intelligenz.

Ein besonders überzeugter Verfechter dieser positiven

Aspekte ist der Amerikaner Ronald D. Davis. Davis, der nach seinen eigenen Angaben bis zu seinem 38. Lebensjahr kaum lesen konnte, war überdurchschnittlich begabt, Ingenieur, Bildhauer und Geschäftsmann. Durch ein Selbstexperiment, so schreibt er, habe er die Existenz einer besonderen geistigen Funktionsweise entdeckt, auf der seiner Meinung nach die Legasthenie beruhe, die aber nicht nur die Ursache für die bekannten Schwächen sei, sondern gleichzeitig auch die Ursache für ein spezifisches Talent, wie man es auch bei Hochbegabten findet. Für ihn erklärt sich damit, warum gerade viele der Begabtesten Schwierigkeiten beim Lesen und Schreiben haben.

Auf der Suche nach Möglichkeiten, seine eigene Lese- und Rechtschreibschwäche zu überwinden, ist Ronald Davis zur Auffassung gelangt, daß Legasthenikerinnen und Legastheniker über spezielle, ausgeprägte Fähigkeiten in der Denkfunktion der nonverbalen (d.h. bildhaften) Begriffsbildung verfügen. Im Gegensatz zur verbalen Begriffsbildung, bei der das Denken mittels der Laute von Wörtern erfolgt, handelte es sich bei der nonverbalen Begriffsbildung um ein Denken mittels innerer Bilder von Begriffen oder Ideen. Die Fähigkeit, verstärkt in Bildern zu denken, ist nach Überzeugung von Davis in erster Linie ein Wahrnehmungstalent. Sie erlaube, sehr präzise, und vor allem sehr schnell, Raum aus unterschiedlichen Perspektiven wahrzunehmen und zu erfassen. Dafür würden innere, geistig produzierte, aber dennoch real wahrgenommene Bilder benutzt. Entsprechend unterschiedlich würden die Informationen auch verarbeitet. Während verbales Denken linear in der Zeit voranschreite, erfolge nonverbales Denken evolutionär. Bewegte dreidimensionale Bilder, die vor dem geistigen Auge wie ein Film ablaufen, seien Speicher für eine Unmenge an

Informationen, denn jedes Bild für sich beinhalte schon eine große Flut von Informationen. Menschen, die primär über diese Art des Wahrnehmens denken, seien in der Lage, auf einer höheren Ebene komplexe Zusammenhänge zu erkennen und Strukturen zu durchschauen, aber sie bekämen Probleme, wenn sie lesen und schreiben lernen sollen. Die unbewußt bevorzugte Funktion des nonverbalen Denkens führe hier zu einer Desorientierung. Mit der nonverbalen Denkweise sei es nicht so leicht möglich, die Sinngebung durch die zweidimensional geschriebene Schrift zu erfassen, denn diese sei gekoppelt mit den durch die Laute verbundenen symbolischen Eigenschaften der Sprache.

Die Idee zur Auseinandersetzung mit den Phänomenen des verbalen und nonverbalen Denkens bekam Ronald Davis durch seine künstlerische Tätigkeit als Bildhauer, sagt er. Aus seinen Schlußfolgerungen leitete er Techniken zur *Korrektur* der negativen Aspekte der Legasthenie ab, die im wesentlichen aus der *Orientierungseinstellung* und der *Symbolbeherrschungstechnik* bestehen.

Zahlreiche Erfinder, Wissenschaftler und Künstler wie Albert Einstein, Thomas Edison, Paul Ehrlich, Leonardo da Vinci, Hans Christian Andersen, Walt Disney, Whoopi Goldberg sind bzw. waren genial, nicht *trotz* der Legasthenie, sondern möglicherweise gerade *wegen* der Legasthenie, so Ron Davis. Die negativen Auswirkungen waren seiner Meinung nach nur Nebeneffekte.
Während die wissenschaftlichen Ansätze von der Prämisse ausgehen, daß Legasthenie auf einer organischen oder biologischen Funktionsstörung beruhe, also von einem Defektdenken, stellt Ron Davis die Frage anders. Seine Denkvor-

aussetzung basiert auf folgender Grundannahme: Funktion wird durch Struktur determiniert.

Davis kommt zu dem Schluß, daß Legasthenie (wenn ein echter Gehirnschaden ausgeschlossen ist), kein strukturelles Problem ist, sondern auf einer kognitiven Funktion beruht: »Diese Funktion ist ein nicht-physischer Prozeß des Denkens, der nur bei Individuen zu finden ist, die Symptome von Legasthenie, wie auch andere Wahrnehmungsstörungen oder -schwierigkeiten zeigen.«[25] Genau diesen Prozeß sieht er aber auch als natürliches Wahrnehmungstalent, als natürliche Fähigkeit, als Talent. Es ist nach seinen Erfahrungen möglich, diesen Prozeß zu beeinflussen. »Es wird sehr interessant sein, zu entdecken, ob diese kognitive Funktion auf bestimmte Synapsen des Gehirns oder einen speziellen Neurotransmitter zurückzuführen ist.«[26]

Soweit Davis' Hypothese, die er seinen Erfahrungen zuschreibt, ohne einen wissenschaftlichen Nachweis zu erbringen. Einzelaspekte sind nicht uninteressant, aber aus meiner Erfahrung heraus sollte man nicht unkritisch damit umgehen, denn Universallösungen gibt es sicherlich nicht. Es ist zwar bekannt, daß viele Legastheniker besondere Begabungen haben, aber Davis' Hypothese legt den Umkehrschluß nahe (Legasthenie = Talent), der allzu leicht falsche Hoffnungen wecken kann.

4
Legastheniker und ihre Erfahrungswelt

Legasthenie als Talent

Das folgende Interview habe ich im Frühjahr 1996 mit Ronald D. Davis geführt. Seine Lebensgeschichte als Autist und Legastheniker hat mich interessiert. Davis' weitgehenden Schlußfolgerungen und sein Anspruch, Legasthenie mit seinen Methoden in fast allen Fällen korrigieren zu können, sind umstritten.

Saskia Steltzer: Was mußte alles passieren, bis du dich der Tatsache, Legastheniker zu sein, stellen konntest?

Ronald D. Davis: Damit wollte ich mich nicht mal selbst konfrontieren, und schon gar nicht, daß andere etwas erfahren. Mir wurde früh vermittelt, daß ich einen Hirn- bzw. Nervenschaden habe. Lesen war für mich lange sehr schwierig. Für einen Text, den ein durchschnittlicher Leser in fünf Minuten liest, brauchte ich eine ganze Stunde. Danach war ich physisch völlig erschöpft.

Saskia Steltzer: Wie war das in der Schule?

Ronald D. Davis: Als Kind war ich Autist, ich wurde schon im Kindergarten und später in der Schule als *geistig behindert* eingestuft. Als mein Vater aus dem Krieg zurückkam und seinen jüngsten Sohn als *geistig behindert* vorfand, war er, ich glaube, entsetzt. Er schämte sich, mein Vater zu sein.

Saskia Steltzer: Also hast du nicht viel Schutz und Unterstützung von deinen Eltern bekommen.

Ronald D. Davis: Viel schlimmer! Mein Vater hat mich jeden

Tag verprügelt, das war grausam. Meine Mutter versuchte, mich zu beschützen, ihre Umarmungen waren für mich aber genauso schlimm wie das Geschlagenwerden.

Saskia Steltzer: Wie haben die Lehrer dich in der Schule behandelt?

Ronald D. Davis: Sie wollten mich nicht haben. Die Schulverwaltung setzte meine Eltern unter Druck, mich in eine Anstalt zu geben. Meinem Vater war das egal. Meine Mutter war eine klassische Verdrängerin, sie wollte nicht wahrhaben, daß ihr Sohn zurückgeblieben sei, sie bestand darauf, daß die Schule mich aufnähme. So saß ich die ersten sechs Schuljahre zusammengekauert in der Ecke des Klassenzimmers mit einem Taschentuch auf dem Kopf. In der Ecke des Klassenzimmers so sitzen zu müssen, das war für mich als Zwölfjähriger die schmerzhafteste Erfahrung, die du dir vorstellen kannst.

Saskia Steltzer: Hast du Erinnerungen an diese Zeit?

Ronald D. Davis: An die ersten Schuljahre habe ich keinerlei Erinnerungen. Du mußt dir klarmachen, ich war Autist. Bis zu meinem neunten Lebensjahr war mir nicht mal bewußt, daß ich lebte. Meine Erinnerung ist immer an tiefen Schmerz gekoppelt, sie beginnt da, wo der Schmerz anfängt, und endet, wo der Schmerz sich auflöst. Wenn er weg ist, ist auch die Erinnerung weg. Ich kann mich nur an die Schläge meines Vaters erinnern. An die Jahre zwischen neun und zwölf habe ich gebrochene Erinnerungen. Sie sind wie einzelne Photographien von Dingen, die beziehungslos sind, keinen Sinn haben, deshalb weiß ich auch nicht, was sie bedeuten. Ich bin froh, daß sie überhaupt als Bilder existieren, auch wenn sie zusammenhanglos sind. Meine wirkliche Erinnerung beginnt um das zwölfte Lebensjahr herum.

Saskia Steltzer: Was war passiert, daß sie einsetzen konnte, weißt du das noch?

Ronald D. Davis: Ich habe mich aus meiner autistischen Verfassung herausentwickelt. In meiner gefühlsmäßigen und psychologischen Entwicklung war ich, im Vergleich zu einem durchschnittlich entwickelten Kind, elf Jahre später dran. Ich weiß nicht, was mich aus dem Autismus herausgeholt hat, ich weiß nur, daß das sehr selten ist. Manchmal entdecke ich natürlich noch autistische Züge an mir, aber kaum jemand, nicht mal ein Profi, wird jemals vermuten, daß ich als Kind Autist war.

Saskia Steltzer: Wie ging das in der Schule weiter, warst du in der Lage, Lesen und Schreiben zu lernen?

Ronald D. Davis: Nein!

Saskia Steltzer: Überhaupt nicht?

Ronald D. Davis: Überhaupt nicht! Bis 17 jedenfalls. Mein

Wortschatz war ja nicht besonders groß, vielleicht 20 Wörter und Laute, die Wörter sein sollten. Die Schulverwaltung machte von Jahr zu Jahr Druck, mich in eine Anstalt zu überweisen, aber meine Mutter weigerte sich kontinuierlich. Als ich zwölf Jahre alt war, wurde ich in der Schulakte als *unerziehbar* und *geistig zurückgeblieben* geführt; ob nun das Gesetz sich geändert hatte oder meine Mutter nachgegeben hatte, ich weiß es nicht. Mit diesem Etikett brauchte ich nicht länger in der Ecke des Klassenzimmers zu sitzen. Die Schule hatte jetzt keine Verantwortung mehr, mir irgend etwas beizubringen.

Saskia Steltzer: Sie haben dich also nur geduldet?

Ronald D. Davis: Ja, ich ging hin und verbrachte dort meine Zeit.

Saskia Steltzer: War dir das bewußt?

Ronald D. Davis: Mir war nur bewußt, daß ich anders behandelt wurde als alle anderen, daß ich anders war als alle anderen. Und das gefiel mir nicht.

Saskia Steltzer: Hast du denn in der Schule was gelernt ab zwölf?

Ronald D. Davis: So wahr ich hier sitze – inzwischen älter als ein halbes Jahrhundert –, ich habe niemals etwas in der Schule gelernt, niemals. Ich habe erst angefangen zu lernen, als ich technische Schulen besuchen konnte, wo ich durch meine Hände lernen konnte.

Saskia Steltzer: Wann war das?

Ronald D. Davis: Um 18 herum. Als ich 19 war, habe ich schon Techniker in Analysis unterrichtet.

Saskia Steltzer: Wie bist du denn dahin gekommen?

Ronald D. Davis: Als ich 17 war, hatte die Schule sich entschlossen, bei mir einen IQ-Test zu machen. Bis dahin hatten sie geglaubt, daß er so um die 40 sein würde. Das

Ergebnis war aber 137, und sie sagten: »Oh, wir haben einen Fehler gemacht. Er hat einen IQ! Wir müssen ihm eine Sprachtherapie geben, ihm Sprechen beibringen und Lesen!«

Saskia Steltzer: Sie haben also angefangen, dich zu unterstützen?

Ronald D. Davis: Sie gaben mir eine Sprachtherapie, ich lernte sprechen. Mit dem Lesen und Schreiben, das klappte nicht. Mir wurde dann gesagt, daß der Grund dafür ein Hirnschaden sei, daß es an meiner Zangengeburt läge, daß der Arzt mein Gehirn bei der Geburt verletzt hätte, daß ich deshalb nie lesen und schreiben lernen würde. Ich habe das auch geglaubt. Ich brauchte ja nur den Namen eines Geschäfts anzusehen, ein Straßenschild, eine Speisekarte oder eine Zeitung!

Saskia Steltzer: Kannst du dich an deine Gefühle erinnern; wie konntest du mit dieser Nachricht umgehen?

Ronald D. Davis: Ich kann mich nicht an negative Gefühle erinnern. Mein ganzes Leben lang habe ich nur von einer Minute auf die andere gelebt. Wenn ich keine physischen Schmerzen hatte, wenn ich nicht verletzt oder lächerlich gemacht wurde, war ich ein fröhlicher Mensch, bis auf eine Tatsache: Als ich in den Vereinigten Staaten den Stempel *geistig behindert* bekam, war das für mich ein Gottesgeschenk und ein Fluch zugleich. Das Gottesgeschenk war, ich kam aus der Ecke des Klassenzimmers heraus, der Fluch war, dieses Etikett gab mir etwas, für das ich mich mein Leben lang schämen sollte.

Saskia Steltzer: Du hast dich geschämt?

Ronald D. Davis: Oh, ja! Ich lebte ständig in der Angst, daß Menschen herausfinden könnten, daß ich kein wirkliches menschliches Wesen bin, daß ich geistig behindert bin.

Saskia Steltzer: Du hast dann aber eine steile Karriere gemacht …

Ronald D. Davis: In den frühen sechziger Jahren arbeitete ich in der Raumfahrtindustrie. Eine Freundin half mir, eine Bewerbung zu schreiben. Ich dachte, daß ich einen Job als Putzmann bekäme.

Saskia Steltzer: Hast du das wirklich gedacht?

Ronald D. Davis: Ja, ich habe mich ja dafür beworben. Die Geschichte ist interessant, ich erzähl sie dir: Als diese Bewerbung lief, war ich von den Rippen abwärts bis zum linken Fuß in Gips. Wenn du so groß bist wie ich, ist das Leben unter solchen Umständen nicht ganz einfach. Es war Winter, ich hatte kein Auto, und die Firma wollte mit mir einige Tests durchführen, ich mußte also irgendwie dort hinkommen. Meine Ex-Freundin lieh sich das Auto ihres neuen Freundes, das ein abnehmbares Dach hatte, nur so paßte ich in ein Auto hinein, ich konnte mich ja nicht bücken mit dem Gips. Sie fuhr mich zur Firma hinaus, dort wurden einige Tests mit mir gemacht. Einige Tage später riefen sie mich an, bestellten mich wieder zu sich heraus, denn sie wollten noch mehr Tests machen. Wir machten also eine zweite Fahrt mit dem Cabrio. Zwei Tage später riefen sie noch mal an und bestellten mich das dritte Mal. Ich sagte: »Diese Prozedur ist schwer für mich, ich komme nur, wenn Sie mir wirklich einen Job anbieten, sonst nicht!« Sie antworteten: »Wir haben vor, Ihnen einen Job anzubieten!« Also fuhr ich noch mal raus. Der zuständige Mann sagte in seinem Büro zu mir: »Also, Herr Davis, wir haben vor, Sie in die Schule zu schicken!« Wäre ich körperlich dazu in der Lage gewesen, ich wäre aufgesprungen und wäre aus dem Raum geflohen. Aber in meinen Gips eingesperrt antwortete ich: »Sie haben mich angelogen, Sie hatten mir einen Job versprochen!« Der Mann antwortete: »Ihr Job ist, in die Schule zu gehen!«

Saskia Steltzer: War das die Ingenieurschule?

Ronald D. Davis: Nein, es war eine technische Schule. Ich bin kein graduierter, sondern ein zertifizierter Ingenieur. Ich hatte einen Autounfall und brauchte circa 200 Dollar, um mein Auto zu reparieren. Deshalb fragte ich den Mann gleich, wieviel sie mir denn zahlen würden, um in die Schule zu gehen. Es waren 120 Dollar die Woche. Ich rechnete mir blitzschnell aus, daß es ungefähr zwei Wochen dauern würde, bis sie mich rausschmeißen würden. Ich habe den Job nur genommen, um Geld für die Reparatur meines Autos zu bekommen. Ich rechnete fest damit, aus der Schule rauszufliegen.

Saskia Steltzer: Es kam aber ganz anders …

Ronald D. Davis: Ja, weil diese Schulen zuließen, daß ich mit den Händen lernen konnte. Ich kann alles lernen, wenn ich es in meine Hände kriegen kann. Die Schule dauerte nur zwei Wochen, und ich schnitt als Zweitbester ab. Anschließend arbeitete ich fünf Monate lang in der Firma, dann schickten sie mich in eine andere Schule, sie hatten es sehr eilig mit meiner Ausbildung. Ich wurde in Optik trainiert, wie man optische Geräte benutzt. Diese Ausbildung sollte sechs Monate dauern. Sie gaben mir zu verstehen, daß sie von mir erwarteten, den Kurs in sechs Wochen abzuschließen. Ich brauchte aber nur vier Wochen. Insgesamt besuchte ich fünf verschiedene technische Institute, habe als Techniker also fünf verschiedene Schwerpunkte. Später arbeitete ich für eine Firma, die ein ganz neues Forschungsinstitut eingerichtet hatte. Sie wollten mich als Leiter einsetzen. Als Techniker lehnte ich ab. Sie bestanden dann darauf, daß ich einen Ingenieurabschluß machte, ja, und so wurde ich Ingenieur. Ich habe also zwei Etikette: Ich bin *unerziehbar* und *geistig zurückgeblieben* und ich bin ein *zertifizierter, mechanischer Ingenieur*. Das zweite ist richtig.

Saskia Steltzer: Wie lange hast du für Firmen gearbeitet?

Ronald D. Davis: Bis Mitte der sechziger Jahre. Dann hatte ich meine eigenen Firmen, ich hatte drei in Texas. Eines Tages entschied ich: Nun ist es genug!

Saskia Steltzer: Wußtest du zu der Zeit schon irgend etwas über Legasthenie?

Ronald D. Davis: Ich war von meiner ersten Frau geschieden und hatte vor, eine Ärztin zu heiraten. Und sie hat mich direkt aus dem Reader's Digest als Legastheniker diagnostiziert. Diese Diagnose hat uns auseinandergebracht.

Saskia Steltzer: Wie alt warst du, als das passierte?

Ronald D. Davis: 26. Sie las einen Artikel im Reader's Digest über einen amerikanischen General, der als Legastheniker bekannt war. Als sie über seine Interessen und Stärken las, diese Liste sozusagen durchging, rief sie aus: »Oh, Ron, das bist du, das bist du! Ron, das bist du ... du mußt ein Legastheniker sein!«

Saskia Steltzer: Wie hast du reagiert?

Ronald D. Davis: Du mußt dir vorstellen, ich als geistig Behinderter, dem man einen irreparablen Hirnschaden diagnostiziert hatte, ich war entsetzt, daß das einer herausfand. Und dann noch meine zukünftige Frau, das war zuviel!

Saskia Steltzer: War das noch so stark in deinem Kopf? Du hattest doch eine große Karriere hinter dir, warst erfolgreich ...

Ronald D. Davis: Die ganze Karriere und der Erfolg, das

war doch nur, um zu verbergen, daß ich kein wirkliches menschliches Wesen bin!

Saskia Steltzer: Das waren nur Wege zum Kaschieren?

Ronald D. Davis: Einen besseren Weg gab es doch kaum, als 25 Jahre alt zu sein und ein selbstgemachter Millionär! Es war wunderbar. Das einzige Problem war eben der Mensch, der mir am nächsten stand, da geht das nicht auf Dauer. Das war mir natürlich bewußt.

Saskia Steltzer: Wie seid ihr denn damit umgegangen, du und deine Frau?

Ronald D. Davis: Mit meiner ersten Frau war ich fünf Jahre verheiratet, und sie hat nie gemerkt, daß ich nicht richtig lesen und schreiben konnte, obwohl sie Lektorin in einem Verlag war.

Saskia Steltzer: Das ist schwer zu glauben …

Ronald D. Davis: Wir müssen sehr gut darin sein, zu kaschieren, daß etwas mit uns nicht stimmt.

Saskia Steltzer: Aber vor deiner zweiten Frau konntest du die Legasthenie nicht verbergen.

Ronald D. Davis: Wir haben aus diesem Grunde nie geheiratet. Wir haben das Wort Legasthenie im Lexikon nachgeschaut, und ich kann dir wortwörtlich die Definition dieses Begriffs sagen, wie sie in diesem Buch stand. Das war Mitte der sechziger Jahre. Legasthenie wurde als eine Form von *Aphasie* definiert. Ich fragte sie: »Was ist *Aphasie?«* Sie las: *»Aphasie,* das ist der Verlust oder Mangel der Fähigkeit, Sprache zu benutzen oder zu verstehen, aufgrund eines Hirndefekts oder Nervenschadens, ausgelöst durch Krankheit oder Verletzung …«
Diese Theorie kannte ich ja schon. Sie bestätigte mir, daß ich nie ein wirkliches menschliches Wesen sein würde. Diese Diskussion war an einem Sonntag. Wir hatten vor,

meine Mutter und meine Großmutter zu besuchen, die ca. 150 Meilen von uns entfernt lebten. Doch nach 80 Kilometern hatte ich einen handfesten Streit angezettelt. Wir drehten um und fuhren zurück. Mittwoch waren wir durch, wir trennten uns. Es war mir unmöglich, eine Frau zu heiraten, die wußte, daß ich geistesgestört war.

Saskia Steltzer: Du hast deine Arbeit als Ingenieur aufgegeben.

Ronald D. Davis: Ich zog nach San Francisco, ich wollte Hippie werden.

Saskia Steltzer: In welchem Alter?

Ronald D. Davis: Ich war 27 oder 28.

Saskia Steltzer: Warum? Du warst erfolgreich, du warst Millionär …

Ronald D. Davis: Weißt du, ich habe es ja nie darauf angelegt, Millionär zu werden, ich wollte nur meine Lernbehinderung verstecken. Mir war ja bis zum Alter von 38 Jahren nicht klar, was Legasthenie ist, aus diesem Grunde mußte ich die ganze Zeit meine *geistige Zurückgebliebenheit* verstecken.

Saskia Steltzer: Was hat dich nach San Francisco gezogen?

Ronald D. Davis: Die Zeit war einfach reif.

Saskia Steltzer: Und warum wolltest du ein Hippie werden?

Ronald D. Davis: Das weiß ich nicht. Ich hatte einfach Lust dazu. Aber ich bin gescheitert, ich wurde kein guter Hippie.

Saskia Steltzer: Wie lange hast du es versucht?

Ronald D. Davis: Ungefähr ein Jahr. Der Grund für mein Scheitern waren die Drogen. Ich konnte sie einfach nicht vertragen. Ich haßte regelrecht, was sie mit mir machten. Damals sah ich die Zusammenhänge zur Legasthenie nicht, heute weiß ich, daß die Drogen Desorientierung auslösen, und Desorientierung war ja die Wurzel all meiner Probleme. Also mußte ich scheitern, und ich sage dir, von allen Dingen, an denen ich gescheitert bin, war das das Schlimmste. Es war fast so, wie darin zu versagen, ein Versager zu sein.

Ich wurde schließlich Fahrlehrer in San Francisco. Ich liebte diesen Job. Es gab nur ein Problem, die Fahrschule hatte mich betrogen. Ich kam ihnen darauf, und sie leugneten, also kündigte ich. Vielleicht war es gut so, möglicherweise wäre ich immer noch Fahrlehrer in San Francisco. Ich eröffnete dann eine VW-Reparaturwerkstatt, später wurde ich Makler und wieder Millionär. Inzwischen hatte ich meine jetzige Frau Alice kennengelernt und geheiratet. 1978 zogen meine Frau und ich uns aus diesen Jobs zurück.

Saskia Steltzer: Wie ging es weiter?

Ronald D. Davis: Ich machte Kunst. Ich arbeitete als Bildhauer. Sollte ich mich noch mal zurückziehen, werde ich wieder Skulpturen machen, das macht mir Spaß, es ist eine wunderbare Arbeit.

Saskia Steltzer: Die künstlerische Arbeit hat dich zu deinem Problem Legasthenie zurückgebracht. Du konntest dich durch den kreativen Prozeß mit ihr auseinandersetzen.

Ronald D. Davis: Ja, ich machte folgende Beobachtung: Wenn ich ganz in die künstlerische Arbeit vertieft war, dann war die Lernbehinderung am schlimmsten. Ich habe das zum erstenmal bewußt wahrnehmen können, das ist das Erstaunliche. Ich hatte ja schon viele verschiedene Phasen der Legasthenie in meinem Leben durchgemacht, auch Fortschritte im Lesen und Schreiben, aber es war mir nie aufgefallen. Als Ingenieur weiß ich, die Funktionsfähigkeit eines Gerätes hängt von seiner Beschaffenheit ab, das ist Standardwissen: Wenn ein Toaster kaputt ist, ist er kaputt, egal wie oft ich das Brot reinstecke und den Hebel runterdrücke, es wird kein Toast daraus. Ich war ja davon überzeugt, daß meine Lernbehinderung existierte, weil ich einen *kaputten Toaster* hatte. Mit anderen Worten: Wenn das Problem ein strukturelles Problem ist, müssen die Symptome konstant sein.

Saskia Steltzer: Hast du denn in deiner künstlerischen Arbeit über die Symptome nachgedacht?

Ronald D. Davis: Nein, überhaupt nicht. Es war ja nicht mehr so, daß ich überhaupt nicht lesen oder schreiben konnte, aber es war schon mühsam für mich, ich mußte mich da durchkämpfen. Was ich beobachtete, war, wenn ich im künstlerischen Prozeß war, an einer Skulptur, und meine Frau gab mir eine Einkaufsliste, dann konnte ich sie einfach nicht entziffern. Wenn ich nicht künstlerisch arbeitete, konnte ich die Einkaufsliste lesen.

Saskia Steltzer: Was war denn der Auslöser, daß du das mit der Legasthenie in Verbindung bringen konntest?

Ronald D. Davis: Ich hatte einen Brief bekommen von einer Künstlerin, die sich für meine Arbeiten interessierte. Da waren eine Menge Fragen drin, wo ich Kunst studiert hätte, welche Bücher ich gelesen hätte sowie Detailfragen zu meinen Objekten. Nun hatte ich ja nie Kunst studiert und auch keine Bücher. Hätte ich von dieser Frau eine Telefonnummer gehabt, hätte ich sie angerufen und mit ihr darüber gesprochen. Nun mußte ich also schreiben.

Der Ingenieur in mir stellte fest, daß ich über meine Technik nie nachgedacht hatte, ich machte einfach Kunst. Also setzte ich mich hin, machte eine Plastik und schrieb gleichzeitig Schritt für Schritt auf wie eine Chro-

nik. Als ich fertig war, hatte ich einen fünfzehnseitigen Brief geschrieben. Für mich als Legastheniker war dann der nächste Schritt, das Lexikon zu nehmen und die Rechtschreibung durchzugehen. Dabei erlebte ich eine böse Überraschung: Nach zwei Seiten war meine Schrift absolut unleserlich, ich konnte kein Wort mehr entziffern, es standen keine Wörter mehr auf dem Papier, sondern nur noch undefinierbare Zeichen. Ich war total frustriert, nahm den *Brief*, steckte ihn in meine Schreibtischschublade und versuchte, ihn zu vergessen.
Einige Monate später kam dieser Brief in meinen Kopf zurück. Ich saß mit einigen Künstlern in einer Diskussion zusammen, und mein mißglückter Brief wurde zum Thema in diesem Gespräch. Für mich war es ein dramatischer Augenblick, denn zum erstenmal in meinem Leben sprach ich von meiner Lernbehinderung. Gleichzeitig gab es einen winzigen Lichtblick in meinem Universum: *Hatte ich vielleicht so unleserlich geschrieben, weil ich ganz auf meine künstlerische Arbeit konzentriert war?*
In jener Nacht machte ich ein Experiment. In mein Motel zurückgekehrt, setzte ich mich an den Schreibtisch. Ich tat das, was ich als Bildhauer tun würde, wenn ich eine Plastik machen würde: Ich stellte mir eine Katze vor und setzte sie in meiner Vorstellung vor mich auf den Schreibtisch. Dann veränderte ich meine Wahrnehmung, so daß ich die Katze im ganzen sehen konnte, alles von ihr auf einen Blick. Hätte ich jetzt von ihr eine Skulptur gemacht, würde ich das Bild mit Ton füllen. Statt dessen nahm ich ein Blatt Papier und schrieb darauf: »Ich werde *rückwärts* schreiben.«
Ich habe in Wirklichkeit nicht versucht, rückwärts zu schreiben, es ging mir um die Wörter und wie sie aus

meinen Fingern kamen. Ich schaute mir die Schrift an, sie war ganz schön kritzelig, aber ich konnte sie lesen. Ich holte mir dann das Bild von der Katze zurück, ließ das Bild verschwinden, ging ins Bad, wusch mein Gesicht und zündete mir eine Zigarette an. Dann erst ging ich zurück an den Tisch und studierte das Papier mit meiner Schrift. Was ich feststellte, war, sie war dem fünfzehnseitigen Brief ganz ähnlich. Der Ingenieur in mir sprang hoch vor Freude, er sagte mir, daß mein Problem kein strukturelles Problem war: Ich habe keinen Hirnschaden, ich kann die Charakteristika meiner Symptome bewußt verändern! Mein Experiment ging zwar in die verkehrte Richtung, ich machte mein Problem schlimmer, nicht besser. Aber immerhin, ich konnte die charakteristischen Merkmale des Problems verändern. Das hieß für mich: Mein Problem ist ein funktionales und kein strukturelles!

Saskia Steltzer: Wie hast du dich in dem Moment gefühlt?

Ronald D. Davis: Ich hatte gemischte Gefühle, ich war mir ja nicht ganz sicher. Es war wie vor dem ersten Sprung mit dem Fallschirm aus einem Flugzeug: Aufregung, Angst, Freude und Schrecken. All diese Gefühle auf einmal! Doch am stärksten war das Gefühl von Erleichterung! Mein Denken zu der Zeit war sehr, sehr einfach. Ich wußte, wenn ich Schritt A, B und C machte, dann verschlimmerte ich das Problem. Wenn ich Schritt C, B und A machte, brachte ich es zurück auf den Stand von vorher. Der nächste logische Gedanke war, vielleicht gibt es ein *A-Ding,* das ich in meinen Kopf tun konnte und womit ich das Problem ganz beseitigen würde. Mit diesem Gedanken wurde ich buchstäblich zum Forscher auf dem Gebiet der Lernbehinderungen.

Saskia Steltzer: War das auch der Tag, an dem du dein erstes Buch durchgelesen hast?

Ronald D. Davis: Nein, das war 36 Stunden später. So lange hat es gedauert, bis ich herausfand, was das *A-Ding* sein konnte. Nach 36 Stunden hatte ich den Gedanken gefunden. Ich ging in die Bibliothek und las ein Buch von vorne bis hinten an einem Tage durch. Zwei Dinge wurden mir an diesem Tag bewußt: Mit zwölf Jahren brauchte ich nicht länger in der Ecke des Klassenzimmers zu sitzen, war also physisch aus der Ecke heraus. Aber gefühlsmäßig und psychologisch lebte ich mein ganzes Leben in dieser Ecke weiter, bis zu dem Tag, an dem ich ohne Schwierigkeiten das Buch durchlesen konnte.

Saskia Steltzer: Es war also der Augenblick gekommen, wo du die Ecke verlassen hattest …

Ronald D. Davis: Sie war weg! Das erste Mal in meinem Leben fühlte ich mich als *menschliches Wesen!* Ich fühlte mich dazugehörig, das war ein unglaubliches Gefühl für mich! Gleichzeitig machte ich aber einen Fehler in meinem Denken. Ich glaube, ich hätte meine Legasthenie überwunden, das war im Dezember 1980. Im April 1981 war mir klar, ich hatte nur ein Teil des Puzzles gefunden. Ich bin ja angewiesen auf das *learning by doing,* dazu gehören eben viele Experimente und Fehlschläge, bis ein Erfolg sich abzeichnet.

Saskia Steltzer: Kannst du deine Methode kurz beschreiben, wie arbeitet ihr mit Legasthenikern?

Ronald D. Davis: Zunächst mußt du versuchen zu verstehen, was Legasthenie wirklich ist. Sie entsteht nicht, weil mit einer Person etwas nicht stimmt. Sie ist das Produkt des Denkens, eine besondere Reaktionsweise mancher Menschen auf das Gefühl der Verwirrung, was zur *Desorientie-*

rung führt. Legasthenie beruht auf einem besonderen Wahrnehmungstalent, sie ist eine natürliche Fähigkeit.
Es gibt zwei Methoden zu denken: Verbales Denken (mittels der Laute von Wörtern) und nonverbales Denken (mittels innerer Bilder von Begriffen und Ideen). Legastheniker denken hauptsächlich nonverbal, sie denken primär in Bildern.
Legasthenie hat mit *Desorientierung* zu tun. Vielleicht hast du mal die Erfahrung gemacht, in einem Zug zu sitzen, der steht. Neben dir steht noch ein Zug, der losfährt, und du hast das Gefühl, daß der Zug, in dem du sitzt, der aber steht, sich bewegt. In dem Augenblick bist du *desorientiert*, du fühlst, daß du eine Erfahrung machst, die weder wahr noch real ist. In diesem Moment bist du genauso legasthenisch wie ich.
Der Teil des Gehirns, der dieses Phänomen hervorruft, kreiert auch alle Phänomene der Legasthenie. Im Dezember 1980 machte ich die Entdeckung, die mir ermöglichte, diesen Teil des Gehirns abzuschalten. Damit war ich in der Lage zu sehen, wie andere normalerweise sehen. Wenn du im Zug sitzt und desorientiert bist, dann verzerrst du nicht nur deinen Gleichgewichts- und Bewegungssinn, sondern auch das, was deine Augen sehen und deine Ohren hören, sowie deinen inneren Zeitsinn.
Das gleiche passiert, wenn ein legasthenisches Kind verwirrt ist. Ist die Verwirrungsgrenze erreicht, wird dieser Teil des Gehirns angeschaltet. Die Folge ist: Das Gehirn sieht nicht, was die Augen sehen, das Gehirn sieht nur, was es glaubt, was seine Augen sehen sollten. Das Gehirn hört nicht, was seine Ohren hören. Es hört nur, was es glaubt, was seine Ohren hören sollten. D. h., alle Sinnes-

wahrnehmungen – außer dem Geschmackssinn – verändern sich im Ereignis der Desorientierung.

Wenn einem Kind so etwas geschieht, wenn es diese Wahrnehmungsverzerrung erfährt, ist natürlich alles, was es in dieser Verfassung lernt, falsch. Was es so gelernt hat, kann es natürlich nur falsch wiedergeben. Was dabei herauskommt, sind Fehler. Solche Fehler sind die *primären Symptome* der Legasthenie. Es gibt nicht zwei von uns, die die gleichen Fehler in der gleichen Weise machen. Legasthenie verändert sich, macht verschiedene Metamorphosen durch. Von der Geburt bis zum fünften oder sechsten Lebensjahr, das ist eine ganz andere Phase als vom Schulbeginn bis zum neunten Lebensjahr. Zwischen neun und zwölf ändert sie sich wiederum. Je nachdem, welche Möglichkeiten wir entwickeln, Legasthenie zu überwinden oder mit den falschen Informationen umzugehen, wirkt sich das auf unser Leben aus. Finden wir keinen Ausweg, bleiben wir auf dem Stand des dritten Schuljahres stehen.

Du mußt dir klarmachen, was es bedeutet, denn Legastheniker sind intelligent, sie sind in keiner Weise dumm. Aus diesem Grunde entwickeln wir ganz eigene Wege, mit unserem Problem umzugehen, um irgendwie durchs Leben zu kommen.

Saskia Steltzer: Du meinst, die Legasthenie zu kaschieren …

Ronald D. Davis: Sie zu kaschieren, das nenne ich eine *alte Lösung.*

Saskia Steltzer: Eine *alte Lösung* dient dem Überleben?

Ronald D. Davis: Ja, und das schlimmste daran ist das zwanghafte Verhalten. Einmal da hineingeraten, heißt für viele Legastheniker, den Rest ihres Lebens darin gefangen zu bleiben. Als wir mit unserer Forschungsarbeit anfingen, suchten wir Wege, alte Lösungen loszuwerden. Damals dachte ich noch nicht an Kinder, ich dachte nur an mich selbst, und ich war damals um die 40 Jahre alt. Wir experimentierten sehr viel, und unser Ansatzpunkt war kein Modell und auch keine Theorie, in die die Experimente hineingezwängt werden sollten. Mit jeder kleinen Entdeckung veränderten wir das Modell, wir paßten es immer wieder den neuen Realitäten an. So entwickelten wir mit der Zeit ein sehr vollständiges Modell, das all die kleinen Puzzleteile erklärt, weil es auf den Realitäten basiert, die wir fanden.

Saskia Steltzer: Der erste Schritt war die Orientierung.

Ronald D. Davis: Ja. Als ich diese Erfahrung machte, glaubte ich, ich sei geheilt. Erst später sah ich diesen Irrtum. In unserer Forschungsarbeit fanden wir heraus, daß der wirklich Schuldige an der Legasthenie die Verwirrung ist. Wenn wir die Verwirrungsgrenze erreicht haben, sind wir desorientiert. Wenn wir desorientiert sind, bekommen wir falsche Informationen. Durch die falschen Informationen machen wir Fehler, die Fehler beeinflussen uns auf der emotionalen Ebene. Die Folge davon sind Frustrationen, die uns veranlassen, zu den *alten Lösungen* zu greifen.

Saskia Steltzer: Wenn ein Legastheniker dieses Stadium erreicht hat und dann lesen muß, passiert es, daß die Buchstaben sich verselbständigen und *aus dem Buch herauskommen?*

Ronald D. Davis: Um das Problem in seiner einfachsten Form zu verstehen, müssen wir viele kleine Puzzlestücke aneinanderreihen, eins nach dem anderen. Das erste Stück hat mit dem Unterschied des verbalen und nonverbalen Denkens zu tun. Denkt ein Mensch verbal, denkt er mit Lauten. Wenn er weiß, wie ein Wort klingt, kann er mit diesem Wort denken. Wenn ein Mensch aber ein nonverbaler Denker ist, kann er nicht mit den Lauten von Wörtern denken, er denkt mit Bildern. Vergessen wir dies für einen Moment, und bedenken wir, daß Sprache den Denkprozeß spiegeln sollte. Wenn das nicht so wäre, würde es viel zu kompliziert sein, Sprache zu lernen. Wenn wir uns also die Sprache betrachten, sehen wir, daß sie aus Symbolen zusammengesetzt ist. Jedes Symbol hat drei charakteristische Eigenschaften: wie es aussieht, wie es klingt und was es bedeutet. Ein nonverbaler Denker aber denkt mit Bildern. Dies könnten zum Beispiel die visuellen Bilder der jeweiligen Wörter sein. Wir lesen aber unsere Gedanken nicht so, wie wir eine Zeitung lesen würden. Wir denken mit den Begriffen oder Ideen der Sprache, indem wir uns innere Bilder von ihnen machen. Diese Bilder sind keine stehenden Bilder, sie gleichen eher dreidimensionalen Filmen, die ständig in Bewegung sind und von mehreren Sinnen erfaßt werden.

Saskia Steltzer: Das ist Eltern und Lehrern nicht bewußt.

Ronald D. Davis: So ist es.

Saskia Steltzer: Sie unterscheiden nicht zwischen verbalem und nonverbalem Denken.

Ronald D. Davis: Das Ausbildungssystem wurde von Menschen entworfen, die mit den Lauten von Wörtern denken, für Menschen, die ebenso denken. Und wir, die wir das nicht können, fallen von Anfang an aus diesem System heraus. Es ist so, als ob ein Computer ständig mit der falschen Programmiersprache programmiert würde. Der *lebende Computer* kann sich daran bis zu einem gewissen Grade anpassen. Wir werden aber immer den anderen, für die die Sprache entworfen wurde, unterlegen bleiben, da wir nicht mit Lauten, sondern mit ihrer Bedeutung denken.

Saskia Steltzer: Auch heute vertreten manche Wissenschaftler und Ärzte die Meinung, daß Legasthenie durch einen Hirndefekt ausgelöst wird.

Ronald D. Davis: Ja, und es gibt auch die Meinung, daß sie genetisch bedingt ist. Es wird eine Menge Geld ausgegeben, um den genetischen Code zu ergründen. Ich frage mich, was es uns nützt, den genetischen Code zu finden. Wir könnten dann höchstens verstehen, wie Talent funktioniert, wir könnten damit aber die Lernbehinderung nicht beheben.

Saskia Steltzer: Du vertrittst die Meinung, daß Legasthenie nichts mit einem Hirndefekt zu tun hat.

Ronald D. Davis: Ich möchte mal gerne wissen, mit welchem Modell man die Tatsache erklären kann, daß ich mit 27 Jahren einen IQ von 169 hatte und weder schreiben noch lesen konnte. Viele Menschen würden ihre Fähigkeit, lesen und schreiben zu können, gern gegen einen solchen IQ eintauschen. Mich würde interessieren, wie man erklärt, daß jemand mit einem Hirndefekt einen solch hohen IQ haben kann. Ich bin natürlich auch neugierig, wie die genetische Struktur arbeitet. Vorrangig aber ist es, die Legasthenie zu korrigieren; das andere können wir immer noch später versuchen zu verstehen. Wir haben Techniken entwickelt, die Legasthenie zu überwinden, und das ist für die Betroffenen sehr wichtig, um ihren Leidensweg zu beenden.

Saskia Steltzer: Also ist die Frage, *warum* jemand Legastheniker wird, zweitrangig?

Ronald D. Davis: Richtig. Seit vielen Jahren habe ich mit Eltern von Legasthenikern zu tun. Und das erste, was ich einer Mutter von einem legasthenischen Kind sage, ist, daß sie nichts während ihrer Schwangerschaft getan hat, was die Legasthenie verursacht hat.

Saskia Steltzer: Du sagst, du hast eine Anatomie der Legasthenie entworfen, die erklärt, wie sie funktioniert.

Ronald D. Davis: Ich bin Ingenieur und ich bin Legastheniker. Für mich ist es wichtig zu wissen, wie etwas funktioniert. Mein Ausgangspunkt war nicht, ein Diplom oder einen Doktortitel in Psychologie zu bekommen. Ich war ein geistig zurückgebliebener Ingenieur, der versuchte, sich selbst zu helfen. Nur darum ging es mir, das war mir sehr wichtig. Ich habe mich auch durch Fehlschlüsse nicht entmutigen lassen, ich wollte unbedingt einen Weg da heraus finden. Und ich habe einen Korrekturprozeß *für mich* gefunden. Daß er auch *anderen* Legasthenikern helfen kann, ist ein Bonus, das ist wunderbar.

Saskia Steltzer: Es gibt heutzutage auch die Meinung, daß Legasthenie gar nicht existiere, daß sie ein Mythos sei.

Ronald D. Davis: Formal kann man das sogar so sehen. Es gibt nicht zwei Legastheniker, die das gleiche *Ding* haben. Mit anderen Worten, es gibt keinen Standard und keine Norm, die für Legasthenie gültig sind. Formal gesehen, existiert sie damit nicht. Aber einem Legastheniker, der unter diesen Auswirkungen sein ganzes Leben lang gelitten hat, zu sagen, Legasthenie existiere nicht, wird ihn nicht glücklich machen. Legasthenie gibt es nämlich doch, als persönliche Beschaffenheit bzw. Begabung, es ist ein individuelles Phänomen. Es ist das gleiche, wie wenn man die Existenz eines musikalischen oder mathematischen Genies abstreiten würde. Diese Begabungen existieren, auch wenn man sie nicht formalisieren kann.

Saskia Steltzer: Du siehst Legasthenie als Talent?

Ronald D. Davis: Anfangs haben wir, wie alle anderen, nur die Lernbehinderung gesehen. Je länger wir aber mit legasthenischen Kindern gearbeitet haben, desto klarer wurde es uns, daß sie intelligenter und kreativer sind als der Durchschnitt. Jetzt konnten wir langsam verstehen, wie es sein konnte, daß auch so begabte Leute wie Leonardo da Vinci, Thomas Edison, Albert Einstein oder Whoopi Goldberg und Walt Disney Legastheniker waren. Als ich 1988 in einer Fernsehshow darüber sprach, sagte die Kommentatorin zu mir: »Ist es nicht erstaunlich, daß all diese Leute Legastheniker waren und trotzdem Genies sein konnten!« Mit ihrer Bemerkung verfehlte sie den Punkt: Diese Leute waren Genies gerade *wegen* ihrer Legasthenie. Für uns hat sich gezeigt, daß die Lernbehinderung nur ein kleiner Aspekt der Legasthenie ist. Es gibt Legastheniker, die überhaupt keine Lernbehinderung haben. Wie stark die Lernbehinderung als Teil der Legasthenie auftritt, ist entwicklungs- und ausbildungsbedingt.

Saskia Steltzer: Wie behandelst du Legastheniker, was machst du mit ihnen?

Ronald D. Davis: Als erstes zeigen wir ihnen, wie sie den Teil ihres Gehirns, der ihre Wahrnehmung verzerrt und damit die legasthenischen Symptome hervorbringt, abstellen können. Dann zeigen wir ihnen, wie wir die Verwirrung, die überhaupt erst diesen Teil des Gehirns aktiviert, beseitigen können. Dazu zeigen wir ihnen schließlich, wie sie die Auslöser der Verwirrung in den Griff bekommen können.[28] Ich werde oft gefragt, was das Talent der Legasthenie sei. Im wesentlichen gibt es acht Entwicklungscharakteristika, die typisch für legasthenische Kinder sind. Drei davon will ich hier nennen.

Erstens, sie sind wißbegieriger; zweitens, sie haben eine höhere Intelligenz; drittens, sie sind kreativer. Wenn diese Charakteristika von Eltern und Erziehern nicht abgewertet, unterdrückt und zerstört werden, erlauben sie ihnen, Dinge sehr, sehr schnell zu meistern. Das Talent der Legasthenie ist die Gabe der Meisterschaft, der Beherrschung einer Materie. Es ist erstaunlich, wie viele Fertigkeiten ein Legastheniker sehr schnell zu beherrschen lernt.

Saskia Steltzer: Liegt das am nonverbalen Denken?

Ronald D. Davis: Das ist nur ein Aspekt. Der Teil des Gehirns, der uns beim Lesen und Schreiben behindert, macht es uns auf der anderen Seite möglich, unsere Gedanken als Realität zu erfahren, und erlaubt uns eine dreidimensionale Wahrnehmungsweise. Die meisten Menschen können entweder in Bildern denken, die sie sehen, oder in Wörtern, die sie hören. Ein Legastheniker denkt mit allen Sinnen, die er hat.

Saskia Steltzer: Das ist schwer zu verstehen.

Ronald D. Davis: Für einen Nicht-Legastheniker ja, aber für einen Legastheniker ist das absolute Realität, es ist so natürlich wie die Luft zum Atmen.

Saskia Steltzer: Nun werden Legastheniker in der Schule sehr früh verunsichert und fühlen sich *in der Ecke.*

Ronald D. Davis: Sie sind vielleicht nicht so weit in der Ecke, wie ich es war, aber – gefühlsmäßig und psychologisch – sind sie ganz sicherlich auch in der Ecke. Die Wahrnehmung, die sie von sich selbst haben, sowie ihre Gefühle und ihr Selbstwertgefühl sind sehr destruktiv. Meiner Meinung nach werden diese Begabungen weltweit durch unser Ausbildungssystem verschwendet. Wie lange können wir uns das noch leisten? Wir brauchen ihren

Beitrag, um den Fortbestand unserer Gesellschaft zu sichern.

Saskia Steltzer: Für betroffene Kinder und Eltern ist es wichtig, mit dem Dilemma der latenten Diskriminierung, mit falschem Mitleid und dem Stigma besser umgehen zu lernen.

Ronald D. Davis: Ja, es ist einfacher anzuerkennen: »Okay, hier bin ich eben anders«, wenn ich auch die positive Seite sehen kann, die kreative.

Saskia Steltzer: Nun gibt es heutzutage sowieso schon große Rechtschreibprobleme in den Schulen.

Ronald D. Davis: Das Erziehungssystem versteht wenig vom Lernprozeß an sich. Wie können wir also erwarten, daß Lehrern beigebracht wird, wie man lehrt. In der Regel lernen sie, wie man eine Klasse kontrolliert oder wie man ein Curriculum entwirft. Man kann ihnen keine Schuld geben, das wäre nicht fair.

Saskia Steltzer: Lehren ist eine Kunst.

Ronald D. Davis: Lehren ist keine Kunst mehr, leider. Es ist eine Psychologie, eine Technologie. Wenn du von der Kunst in die Wissenschaft oder Technologie wechselst, ist ein anderes Wissen gefragt. Ein Techniker muß sich, um gut arbeiten zu können, ein Wissen über alle Komponenten und Details einer Sache und ihrer Zusammenhänge aneignen. Die meisten Lehrer heute sind *Erziehungsermöglicher* oder Techniker, sie sind keine Künstler. Sie haben aber nicht das Werkzeug, das ein wirklicher Techniker haben muß. Ich habe viele Jahre als Techniker in der Industrie gearbeitet. Du mußt ein grundlegendes Verständnis haben von dem, was du tust, um effektiv zu sein. Lehrer haben das Werkzeug nicht. Sie sind ein Produkt des gleichen Systems, in das sie involviert sind beim Lehren. So hat sich das seit Generationen fortgesetzt.

Saskia Steltzer: Wie können denn nun Kinder mit ihrer Legasthenie das System *überleben?*

Ronald D. Davis: Menschen sind zäh. Schau mich an – viele haben mich schon gefragt: »Wie konntest du all das überleben?« Es ging nur, indem ich von einer Minute auf die andere lebte, manchmal auch von einer Sekunde auf die andere und dabei immer den nächsten logischen Schritt tat. Ich habe meinen Weg gefunden. Daß ich heute durch die Welt reise und Workshops mache, hat rein persönliche Gründe.

Zunächst habe ich gar nicht daran gedacht, anderen helfen zu können. Ich habe nur für mich und mein Problem gearbeitet. Aber als ich physisch und später emotional und psychologisch aus der Ecke herausgekommen war, als ich anfing, als Forscher zu arbeiten, und dann einen Weg fand, Legasthenie zu korrigieren, habe ich mich wieder in diese Ecke gestellt. Der Grund ist der: Hätte es ein menschliches Wesen auf diesem Planeten gegeben, das mir hätte helfen können, aus dieser Ecke herauszukommen, und hätte es nicht getan, das wäre ein Mensch, dem ich niemals verzeihen könnte. Nun habe ich dieses Wissen. Nicht jeder Legastheniker muß seine Legasthenie korrigieren, darum geht es nicht. Aber das Wissen muß jedem zugänglich sein, der es braucht und haben will. Bis ich weiß, daß das der Fall ist, bleibe ich in der Ecke.

Saskia Steltzer: Also ist dein Schwerpunkt immer noch die Forschung?

Ronald D. Davis: Sie ist meine Stärke. Darin bin ich gut. Ich arbeite seit neun Jahren mit Autisten, und zwar gemeinsam mit einem anderen autistischen Ingenieur. In unserer Technik, die wir entwickeln, geht es um das

Entfernen einer Barriere. Das autistische Kind könnte in die wirkliche Welt kommen, einen Blick hereinwerfen und sagen: »Das ist nichts für mich!« und wieder abtauchen. Wir wollen ihm diese Möglichkeit wenigstens anbieten. Das ist uns wichtig, und wir sind nahe dran.

Brief eines Künstlers

Die verschiedenen Aspekte von Wahrnehmung stoßen in den verschiedensten Fachrichtungen zunehmend auf Interesse. In letzter Zeit taucht auch das bisher tabuisierte Thema Legasthenie und Hochbegabung in den Medien auf. Neue Projekte und Kooperationen zwischen unterschiedlichen Menschen aus unterschiedlichen Fachgebieten entstehen, wie auch das Forschungsprojekt *The sense of the Senses* (die Wahrnehmung der Wahrnehmungen), das die Leiterin des Bereichs Media Art Research Studies der GMD, Monika Fleischmann, in Zusammenarbeit mit mir, Saskia Steltzer, und dem Künstler Christoph Liesendahl im Herbst 1997 ins Leben gerufen hat. Im Rahmen dieses Projektes haben wir im Oktober 1997 mit Künstlerinnen, Künstlern und Medienfachleuten, mit Legasthenikerinnen und Legasthenikern (Jugendlichen und Erwachsenen), mit Pädagoginnen, Pädagogen und Schülerinnen und Schülern mit Dreharbeiten für einen Film begonnen. Die Künstler Werner Magar und Christoph Liesendahl[29] hatten dazu ein *Atelier auf Zeit* in einer Bonner Schule installiert. Christoph hat Kunst und Pädagogik studiert und schreibt gerade an seiner Dissertation. Er ist Legastheniker.

»Liebe Saskia, zum Sortieren von Bildern und Gedanken über unser Projekt möchte ich Dir gerne einen Brief schreiben, allein um einfach mal mitzuteilen, wie ich das Ganze erlebt habe und welche Erinnerungen ich aus meinem eigenen Leben in diesem Zusammenhang für interessant halte.
In den letzten Jahren habe ich mich durch Deine Erzählungen und das Miterleben von Maxis Konflikten in der Schule immer wieder mit der Problematik der Legasthenie auseinandergesetzt.
Erinnerungen an meine eigene Kindheit, Schul- und Berufsausbildung sind dabei wieder hochgekommen: Die Schwierigkeiten, die ich mit der Rechtschreibung hatte und habe, meine *Unkonzentriertheit* und die Sondertests, die mir Intelligenz statt Dummheit bescheinigen, die Selbstverständlichkeit für mich, in dreidimensionalen Bildern zu denken.
Glücklicherweise haben sich meine Eltern nicht gegen meine Neigungen gestellt: Ich durfte als jüngster von vier Kindern als erster Comics lesen, da ich anderes zuerst *nicht lesen* wollte. Meine Eltern stellten sich auch später nicht gegen meinen Wunsch, Kunst zu studieren. Die Erfahrungen, die ich während meines Studiums gemacht habe, sind eigentlich der Anlaß dieses Briefes. Ich habe in dieser Woche das Interview von Dir mit Ronald Davis, das im letzten Jahr stattfand, gelesen. Hier erwähnt Ron, daß mit dem Vertiefen in seine Arbeit als Künstler die Lernbehinderung am schlimmsten war. Seine Erzählung über den gescheiterten Versuch, einen Brief über seine Arbeit zu schreiben, zeigt, daß hier eine Verbindung zu der in Begriffen erfaßten Welt nicht oder nur fragmentarisch bestand.

Ein Zustand, den ich ebenfalls bei der praktischen Arbeit (in der Kunst) kenne. Wenn ich in die Welt der Bilder *abgleite,* fühle ich mich wohl. Zeit und Raum bekommen eine andere Dimension. Für mich sind Farben die wichtigsten Gegenstände meiner Arbeit, da hier alles enthalten ist. Ein sehr beeindruckendes Erlebnis zu Beginn meiner praktischen Arbeit war für mich, selber Ölfarbe anzurühren. Hierfür werden Farbpigmente und Öl auf eine Glasplatte gegeben und mit einer Art Mörser, der eine glatte Unterseite hat, ineinander gerieben. Das Schöne ist, daß der dabei entstehende Brei nicht eintrocknet. Man kann auf der Glasplatte immer wieder neue Bilder malen, sie aber auch verwischen. Bildergeschichten entstehen. Morgens um 10.00 Uhr die Farbe auf der Glasplatte verteilt, immer weiter gearbeitet, ›wachte‹ ich am späten Nachmittag gegen 18.00 Uhr auf, weil ich Hunger hatte.
Diese Erfahrung machte ich bei meinem Besuch einer freien Ateliergemeinschaft in Köln. Zur gleichen Zeit studierte ich an der Universität in Bonn. In der Universität wurde ich mit der Denktechnik der Geisteswissenschaften konfrontiert. Es ist eine Welt, von der ich einerseits sehr angezogen wurde, andererseits mich aber dort nur schwer einfand; dennoch bekam sie im Verlauf meines Kunststudiums in Nürtingen und während meiner praktischen Arbeit in Frankfurt/Main eine wachsende Bedeutung, so daß ich an den Universitäten in Tübingen und in Frankfurt dieser Welt des Denkens nachging.

Am ersten Tag, nach dem Einzug in die Klasse für Freie

Grafik in Nürtingen, rührte ich mir Ei-Temperafarben ein, weil mir hier die Farben am intensivsten erschienen. Mit dem Pinsel in der Hand stand ich an der Staffelei und wartete auf die Bilder – die sich aber nicht einstellten. Ich war zu voll. Ideen sprangen mir wie Blitze durchs Hirn, die ich niemals einfangen konnte. Alles, was ich auf das Papier brachte, war fad und nicht richtig. Eine Welt brach für mich zusammen.
So setzte ich mich in den nächsten sechs Wochen an meinen Platz und versuchte herauszubekommen, was ich eigentlich will. Ich wollte es aufschreiben, aber meist saß ich nur vor meinem Schreibzeug und machte mich *leer*. Glücklicherweise hatte ich einen Dozenten, der seine Studentinnen und Studenten im wesentlichen genau mit der Frage konfrontierte, die ich mir selber stellte: Was will ich überhaupt hier, was will ich mit dem, was man – meist vermeintlich – als Kunst bezeichnet. Hier lernte ich für mich und durch mich selber Arbeitsweisen und Techniken, die durch meine Bedürfnisse entstanden. Ich ordnete die Beherrschung von Techniken nicht mehr wie früher über meine Bedürfnisse. Ich lernte zu lernen, nur noch das zu lernen, was ich für mich brauchte.
Entsprechend verfuhr ich auch bei den Besuchen von Seminaren an den Universitäten. Lange Zeit kümmerte ich mich weniger um die Pflichtscheine für das Studium, sondern sorgte mich um eine emotionale und fachliche Standortbestimmung meiner selbst. Leider gab es erst gegen Ende meines Studiums Seminare in dem *altehrwürdigen* Fach der Kunstgeschichte, die sich zumindest ansatzweise mit den Problemen der Gegenwartskunst auseinandersetzten. Selbst bei den

Kunstpädagogen gibt es eine magische Grenze, die die 60er Jahre dieses Jahrhunderts selten überschreitet.

Inhaltlich wollte ich Wege finden, zwischenmenschliche Beziehungen und Interaktionen in meinen Arbeiten zu visualisieren. Zu Beginn waren meine Versuche immer sehr symbolüberfrachtet, was mir entsprechende Kritik einbrachte. Die Bilder, die ich herstellte, lieferten zu viele Informationen und waren zu konstruiert, als daß die Betrachter Freiraum für ihre eigenen Bilderwelten hätten entwickeln können. Ich wurde dazu angehalten, immer mehr zu einem inhaltlichen Kern vorzustoßen, der eine Überfrachtung ausschloß und dennoch alle Implizierungen/Assoziationen/Bilder ermöglichte.

So kam ich zu dem Thema der Raum-Wahrnehmung. Mit diesem Weg glaube ich aber nun, auch Bildformen zu entwerfen, die eine Näherung an die durch Begriffe wahrgenommene Welt ermöglichen und auch für diese Denkart erfaßbar sind. Die Bilder, die mir heute wichtig sind, werden von anderen als Installationen bezeichnet. Es handelt sich um Arbeiten, die dreidimensionalen Raum einnehmen.

In der Auseinandersetzung mit Ron empfand ich als größtes Schlüsselerlebnis, daß er – durch seine Lebensgeschichte geprägt – eine sehr genaue Abbildung der gegenständlichen Welt in seiner künstlerischen Arbeit vornimmt. Während er – wie er sagte – versucht, seinen vermeintlichen Defekten etwas entgegenzusetzen, stellte er in meiner Arbeit die Essenz einer *desorientierten* Wahrnehmungsweise fest.

Wie Du ja weißt, arbeite ich bis heute mit Werner Magar zusammen, einem an der Kunstschule gewonnenen Freund.
Die Arbeit in dem *Werkatelier auf Zeit* ermöglichte uns eine aktive Werkrückschau auf die letzten Jahre sowie eine Flut von neuen Gedanken und Bildern zu der Frage, in welchen Verhältnissen und Interdependenzen *Bildspeicher* und *Begriffsspeicher* zueinander stehen können. Das dort Erlebte wird in den Arbeiten der Zukunft mit Sicherheit noch Früchte tragen. Für mich steht zur Zeit eine Frage im Vordergrund:

Wie und in welcher Weise ermöglichen Arbeiten in der Bildenden Kunst Zugang zu den Dimensionen hinter den unterschiedlichen Wahrnehmungsarten von Begriffs- und Bildspeicher für die jeweils andere Perspektive?

Daß für jeden Lern- und Näherungsmöglichkeiten zu verschiedenen Wahrnehmungsweisen bestehen, ist offenkundig. Werner hat sich insbesondere durch das Kunststudium für die in Bildern denkende Wahrnehmung sensibilisiert. Ich eignete mir durch *Lautmalerei* die in Begriffen erfaßte Welt an – und hier meine ich insbesondere die Welt der Wissenschaften. Ich glaube, unsere Auseinandersetzung mit dem Thema Wahrnehmung erweitert die Diskussion über das Verhältnis zwischen Bild- und Begriffsspeicher enorm.«

Christoph, 13.11.97

Denken in Bildern

Viele legasthenische Kinder zeigen schon früh eine große Neugier und ein ausgeprägtes Vorstellungsvermögen, sie nehmen Gedachtes als real wahr, wie eine virtuelle Realität. Dieses Phänomen wird auch in der Informationsbroschüre der Initiative zur Förderung hochbegabter Kinder beschrieben:

> »Hochbegabte Kinder kennzeichnet eine unkonventionelle Weltsicht, nämlich das divergente Denken, meist verbunden mit großer Intensität des Fühlens, Verhaltens und der Anschauungen. Hochbegabte und kreative Kinder sehen die Welt durch eine ganz andere Brille ... die Optik eines höchstbegabten Kindes ist die eines Elektronenmikroskops. Dieses Kind sieht, was andere nicht sehen und sich nicht einmal vorstellen können. Vielleicht kann dies zum Teil erklären, warum so viele hochbegabte Kinder im vorschulischen Alter imaginäre Spielkameraden haben.«[30]

Möglicherweise liegt die Ursache unter anderem in der Schnelligkeit und Sinnlichkeit des bildhaften Denkens. Es unterscheidet sich in seiner Geschwindigkeit erheblich von dem verbalen Denken, dem Denken mit Lauten von Wörtern, also von der in Begriffen erfaßten Wahrnehmungswelt.

Es ist sicher kein Zufall, daß auch viele Wissenschaftler am kreativsten sind, wenn es ihnen gelingt, vom verbalen ins bildhafte Denken umzuschalten. Ich habe im letzten Sommer viele Gespräche mit Achi Brandt darüber geführt. Er ist Professor für Mathematik am *Weizmann Institute of Science* in

Rehovot/Israel und in seinem Fachgebiet einer der weltweit renommiertesten Wissenschaftler. Er bewegt sich als Wissenschaftler in verschiedenen Denkweisen und ist sich zweier Methoden deutlich bewußt:

»Der Versuch, die einfachste Aufgabe zu formulieren, die noch die wesentlichen Inhalte des gegebenen Problems widerspiegelt; der Versuch, die Schwierigkeiten eines gegebenen Problems in einfachere Schwierigkeiten zu zerlegen und für jede davon ein getrenntes, nur diese einfachere Schwierigkeit enthaltendes Modellproblem zu konstruieren; der Versuch, die Anzahl sich beeinflussender Elemente (oder Variablen, oder Dimensionen) zu reduzieren, ohne dem Problem seine Relevanz vollkommen zu rauben etc.
Üblicherweise wird mir ein Problem verbal vermittelt. Um damit wirkungsvoll umzugehen, muß ich es mental in ein Bild oder in eine Abfolge von Bildern umsetzen: Punkte, Linien, Kugeln, graphische Darstellungen, Flächen, Gitter usw., kontinuierlich oder diskret, in verschiedenen Dimensionen, sich bewegend oder vibrierend oder ihre Ausdehnung oder Helligkeit ändernd, manchmal (nicht so oft) auch in farbiger Form. Das Wesen des Problems taucht dann irgendwie aus diesen inneren Bildern auf. Das ist der geheimnisvollste Teil dieses Prozesses. Es braucht eine gewisse Zeit, sich kennenzulernen, mit den inneren Bildern Freundschaft zu schließen. Die Erkenntnis kommt manchmal ganz unerwartet, wenn ich nach einer Pause zu den Bildern zurückkehre oder ihnen mit neuen Einsichten wiederbegegne. Wenn ich dann einen Zugang zur Problemlösung gefunden habe, bedarf es

manchmal erheblicher Anstrengungen, es zu verbalisieren oder zu formalisieren, es in eine Form zu bringen, die objektiv umgänglich und kommunizierbar ist, damit andere es verstehen können. Ich schalte in meinem Denkprozeß gewöhnlich zwischen diesen beiden Methoden hin und her: Die Problemvereinfachung ist meistens eine Voraussetzung für ihre Verinnerlichung. Die Verinnerlichung verwandter Probleme kann Hinweise geben, wie ein gegebenes Problem zu vereinfachen ist.«

Der erste Satz in Temple Grandins Buch *Thinking in Pictures*[31] lautet: »Ich denke in Bildern.« Die Autorin beschreibt, daß Wörter für sie wie eine zweite Sprache sind, daß sie geschriebene und gesprochene Wörter für sich in Filme übersetzt, die Ton und Farbe haben und wie ein Video in ihrem Kopf ablaufen und gespeichert werden. Spricht jemand mit ihr, werden die Wörter direkt in Bilder übersetzt.

Als Kind hat sie geglaubt, daß alle Menschen in Bildern denken, sie wußte nicht, daß es ihr Denkprozeß ist, der anders verläuft. Als Designerin sieht sie inzwischen die großen Vorteile ihrer Wahrnehmungsweise. Sie braucht keine 3D-Computeranimationsprogramme. Sie hat das *Programm* in ihrem Kopf und kann es sich wie ein Videoband oder eine CD-ROM ablaufen lassen. Sie kann Gegenstände, die sie entwirft, aus allen Blickwinkeln betrachten, ihre Entwürfe im Kopf speichern und bei Bedarf abrufen. Temple Grandin war Autistin und hat sich mit der Existenz verschiedener Denkmuster intensiv auseinandergesetzt. Sie beschreibt ausführlich ihre Schwierigkeiten, sich die Bedeutung von Wörtern, denen keine Bilder zugeordnet werden

können, zu merken, und wie sie sich die *bilderlosen Wörter* visualisiert.
Grandin schreibt, daß auch Einstein seinem Freund Max Wertheimer gegenüber geäußert hat, daß er ein nonverbaler Denker sei. Seine Eltern hielten ihn für zurückgeblieben, weil er erst spät sprechen lernte. In der Schule galt er anfangs als Versager. Von sich selbst sagte er, er habe kein besonderes Talent, er sei nur extrem neugierig und wißbegierig.[32] Thomas Edison mußte bereits im ersten Schuljahr die Schule verlassen. Es gibt zahlreiche Biographien berühmter Forscher, Wissenschaftler, Philosophen, Schriftsteller, Künstler, die ein Abweichen vom *normierten Denken* dokumentieren.

Wie wirkt sich das bildhafte Denken auf Sprache aus? Sprache, die über ihre Begriffe Symbole transportiert, operiert mit den drei charakteristischen Eigenschaften dieser Symbole: dem Laut, dem Aussehen (Bild) und der Bedeutung. Der über Bilder denkende Mensch verfügt nicht von vornherein über diese Selektionsmöglichkeit, sondern ist direkt mit dem komplexen Feld der inneren Bilder und deren Bedeutungen zu diesem Begriff verbunden. Es handelt sich dabei um dreidimensionale und in ständiger Bewegung befindliche Bilderwelten. Entscheidend ist hier, daß die mit der Bedeutung der inneren Bilder verknüpften Gefühle nicht – wie bei einem Menschen, der mit den Lauten von Wörtern denkt – abgekoppelt werden können.

> »Als ich Tagebuch schrieb und Gefühle da reinkamen, war in bestimmten Situationen nur noch das Bild möglich. Ich konnte mich auch im Kunstunterricht schwer

einem gestalterischen Programm unterordnen, auch da konnte ich nicht loslassen, denn das unterliegt ja auch wieder Normen und dem *richtig* und *falsch*. Das Bild ist mir eingängiger, und wenn ich jetzt meine Sprachbewältigung betrachte, ist es eine Mischung von Buchstaben aneinanderreihen und dem Schaubild, das ich mir anfertige. Ich enthebe also den narrativen chronologisch geordneten Text seiner Eindimensionalität in ein zweidimensionales Schaubild. So fällt es mir sehr viel leichter, mit dem Text umzugehen. Die narrative Chronologie läßt einen Fehler kaum korrigieren, weil es ja schon in seinem logischen, chronologischen Fluß ist. Das Schaubild hingegen gibt mir die Möglichkeit anzufügen, wenn ein Gedanke einen Teilbereich wieder differenzierter werden läßt, wenn Wissen sich erweitern kann. Deshalb habe ich mich für das Schaubild entschieden, es ist auch flexibel handhabbar im Referat.«

Arnes

Zwei Legastheniker unter sich

Während der Gespräche und Interviews haben wir viel gelacht, insbesondere bei den Versuchen, über Denken, Vorstellen, Wahrnehmen, Sinne usw. zu kommunizieren. Vor allem in dem folgenden Gespräch, das ich mit Christoph und Maxi, der zu dem Zeitpunkt zwölf Jahre alt war, geführt habe. Die Unterhaltung zeigt, mit welcher Leichtigkeit und Unbefangenheit über Wahrnehmung gesprochen werden kann, wenn Blockaden gefallen sind. Es zeigt Humor und einen anderen Zugang zum Sehen, den Christoph als Künstler und unkonventioneller Pädagoge in das Gespräch einbringt.

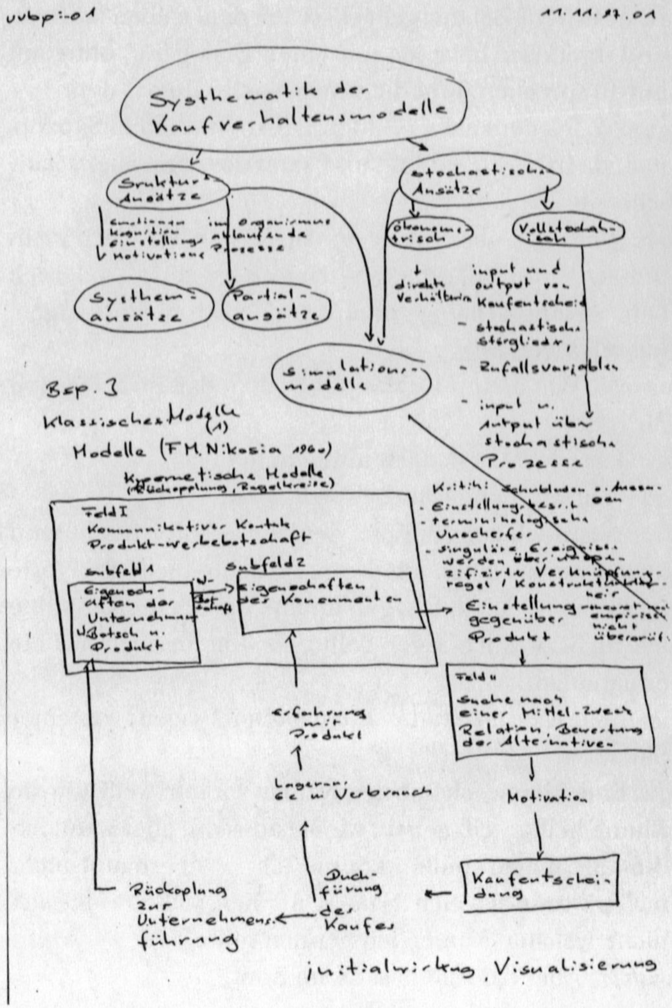

Ein Schaubild von Arnes (auf dieser Basis hält er seine Referate in der Universität)

Maxi: In welcher Form denkst du, hörst du dich selber, sprichst du mit dir? Machst du einen Dialog, ohne mit dir zu sprechen? Bei mir geht es so: Ich denke eben bildhaft, und irgendwie baue ich mir einen Dialog auf, ohne mit mir zu sprechen, innerlich. Wie machst du das denn?

Christoph: Ich denke über Bilder. Oft komme ich in Situationen, da habe ich ein Bild und kann das dann aber relativ schlecht formulieren.

Maxi: Wenn ich über Bilder denke, kann ich es auch nicht umsetzen, formulieren, was ich jetzt sagen will, oder ich baue so einen Dialog auf und kann auch nicht so sagen, was ich sagen will.

Christoph: Wie meinst du das mit Dialog, daß du selber mit dir redest?

Maxi: Ja, so 'ne Art, daß ich innen denke.

Saskia: Kannst du mal ein Beispiel sagen?

Maxi: Wenn ich zum Beispiel denke, wie soll ich das denn jetzt machen, aber ich kann es dann nicht in Worte fassen, wenn ich jetzt sagen müßte, was ich denke, wüßte ich nicht, was ich sagen sollte. Es kommt auch auf die Situation an.

Saskia: Kannst du dazu noch ein Beispiel sagen, von einer Situation?

Maxi: Eine Blume, ich hab den Namen vor mir, weiß, wie die Blume heißt, weiß genau, wie sie aussieht, aber wenn ich die jetzt malen müßte, könnte ich sie überhaupt nicht malen, wenn ich den Namen nennen sollte, wüßte ich nicht, welchen Namen ich nennen sollte.

Christoph: Aber das Bild hast du im Kopf?

Maxi: Ja.

Saskia: Und den Namen auch?

Maxi: Ja. Aber ich kann es manchmal nicht umsetzen.

Christoph: Ich habe gerade heute ein ähnliches Erlebnis gehabt beim Autofahren. Ich habe entweder eine sehr gute Orientierung, oder sie ist total schlecht. Ich bin heute in Köln gewesen und habe mich total verfahren, ich wußte nicht mehr, wo ich war. Irgendwann bin ich an einen Punkt gekommen, wo ich gemerkt habe, nachdem ich einige Male im Kreis gefahren bin, der Ortsteil ist hinter *dem* anderen Ortsteil, und ich weiß, daß *der* im Süden liegt, also muß ich *die* Richtung fahren.

Mit dem Denken ist es oft so, daß ich Geschichten denke, also nicht statisch, daß also eine Geschichte dabei abläuft. Als du eben sagtest, mal mir ein Fahrrad, war mir nicht sofort klar, wie ein Fahrrad aussieht.

Maxi: Man hat es im Kopf, wenn ich es dann malen soll, weiß ich nicht, wie das Zwischenteil aussieht.

Saskia: Wie ist das denn im Werkunterricht?

Maxi: Da denk ich nicht nach, da mache ich einfach.

Christoph: Im Werken wirst du wahrscheinlich alles dreidimensional machen, wenn du was malst, das ist ja ein hochabstrakter Vorgang, man muß ja das Dreidimensionale ins Zweidimensionale umsetzen. Ich mache deshalb auch lieber Installationen und Objekte. Die Objekte, die ich mache, da ist umgesetzt, was ich denke.

Saskia: Du denkst dir also das Objekt und setzt es um. Du stellst es dir nicht vor?

Christoph: Ja, vorstellen ist falsch.

Saskia: Wie ist denn das bei dir, Maxi?

Maxi: Zuletzt sollten wir im Werkunterricht eine Figur machen, da hab ich erst mal gedacht, wie geht denn das jetzt. Dann hab ich angefangen, irgend etwas zu machen, erst mittendrin habe ich mir überlegt, wie das denn aussehen könnte.

Saskia: Du hast es dir nicht vorgestellt, sondern gedacht?

Maxi: Ja. Ich hab erst mal gedacht, von der Form her, daß das eckig sein soll, das wurde allerdings ganz anders, es wurde rund. Das geht beim Machen des Kunstwerkes.

Christoph: Das Material, das will manchmal was anderes, als man denkt. Das spürt man dann auch. Manche nennen das dann künstlerisch arbeiten, man hat natürlich eine Vorstellung, du willst eine Figur machen, oder ich will meine Vorstellung von Raum umsetzen, und dann arbeitet man eben so lange, bis man weiß, besser kann ich es nicht beschreiben.

Saskia: Was für Konzepte hattest du als Kind, welche Phantasien?

Christoph: Das Schrecklichste war die Vorstellung vom Tod, weil ich mir darunter nichts mehr vorstellen konnte. Das hat mich so mit sechs bis sieben Jahren extrem beschäftigt. Das ist irgendwie der leere Raum oder das Nichts.

Maxi: Vor zwei Jahren habe ich mir mal Gedanken darüber gemacht, dann war das ganz komisch, ich hab mir vorgestellt, daß kein Leben ist, daß es überhaupt kein Leben gibt, das war so ein komischer Gedanke, weil, ich lebe und kann mir das nicht vorstellen, und dann kann ich mir das auch nicht denken. Kein Leben, und alles ist leer …

Christoph: Da ist der Punkt erreicht, wo man einfach nicht weiterkommt. Das hat mich richtig in ein Loch gerissen damals.

Maxi: Ich fand das auch schlimm, ich habe dann den Gedanken weggeschmissen.

Saskia: Könnt ihr noch mal was zum Denken, Vorstellen und zur dreidimensionalen Wahrnehmung sagen?

Maxi: Denken und Vorstellen ist bei mir das gleiche. Ich kann auch drei Sachen gleichzeitig denken.

Saskia: Wie geht denn das mit den Bildern?

Maxi: Ich sehe was als Film, dann denke ich, aber alles gleichzeitig … und ich kann auch alles kontrollieren.

Saskia: Was heißt kontrollieren?

Maxi: Ja, jeden Gedanken kontrollieren. Wenn ich beispielsweise desorientiert bin, kann ich keinen Gedanken mehr kontrollieren. Dann kann man sich nicht mehr an einen Gedanken halten.

Saskia: Wie ist denn das?

Maxi: Lustig. Wie soll ich das sagen. Man kann sich irgendwie nicht mehr an irgend etwas halten, das kommt zwar nicht oft vor …

Saskia: Ist das wie schwindelig?

Maxi: Nein. Das ist so, man denkt gerade was und versucht sich eine Lösung vorzustellen, und dann denkt man sich 'ne Lösung oder stellt sich eine vor, und dann ist da was ganz anderes, was gar nichts damit zu tun hat. Das ist so beim Denken, aber wenn ich dann auf was draufgucke, dann ist plötzlich alles dreidimensional, alles. Das ist nicht mehr oft, weil ich ja jetzt diesen Punkt habe, aber, in der Grundschule, dritte, vierte Klasse, war das so komisch, ich konnte mir irgendwie immer meine eigene Welt machen. Mit David habe ich mir immer meine Phantasiewelt gemacht, David war so ein *Star Treck*-Fan, der hat versucht, sich diese Welt vorzustellen, aber ich konnte da richtig drin leben. Das war so ein Leben zwischen Schule und dem anderen.

Saskia: Wie war das bei dir, Christoph?

Christoph: Bei Denken und Vorstellen fällt mir so ein Beispiel ein, wenn ich in der Badewanne bin. Man liegt also in der Badewanne und denkt über irgend etwas nach, alles ist gemütlich und entspannt, und dann sieht man da plötzlich am Ende der Badewanne was, das ist der eigene Zeh, das kommt mir dann so komisch vor, daß da mein Zeh sein soll, ich kann das in dem Augenblick nicht glauben, daß das was von mir ist.

Ein anderes Beispiel betrifft die Zeit während meines Kunststudiums, als ich noch viel fotografiert habe. Ich habe sehr viel Landschaftsaufnahmen gemacht, ich habe das so exzessiv betrieben, daß ich dann diesen Sucherblick hatte, wenn man immer durch den Sucher guckt. Einmal ist mir passiert, daß ich nur noch zweidimensional sehen konnte, da ist mir wahnsinnig schlecht geworden. Ich saß bei einem Freund im Auto, wir fuhren nach Stuttgart, und ich habe mir so einen Berg angesehen und mir gedacht, den könnte ich jetzt fotografieren, und plötzlich sah ich diesen Berg wie im Sucher nur noch zweidimensional, das war ein Horror. Ich mußte mit dem Fotografieren aufhören. Vielleicht ist das so ein Umkehreffekt. Vielleicht ist das auch die Blockade, warum das bei mir mit dem Zeichnen nicht so funktioniert, wie ich das gern hätte.

Maxi: Wie hast du das gefühlt?

Christoph: Mir war richtig schlecht, das war so, als ob du irgendwo auf dem Fußboden stehst und plötzlich klappt der Fußboden genau vor deinen Zehen hoch. Da war keine Distanz mehr.

Maxi: Wenn ich lange auf einen Text gucken muß und ein wenig blinzele, dann wird alles plötzlich dreidimensional.

Christoph: Bei mir verschwimmt plötzlich alles. Was ich gerne als Spiel mache, ist das unterschiedliche Fokussieren, wenn ich mir zum Beispiel lange genug die Flasche da angucke, dann verschwimmt sie ins Unendliche, und alles drumherum kriegt dann eben eine andere Dimension zu mir.

Maxi: Wenn ich mir die Mama jetzt ganz lange angucke, dann kann ich sie ganz weit weg gehen lassen oder eben ganz nah an mich heranholen, und alles andere geht dann weit weg. Das ist irgendwie komisch, das, was man sich anguckt, kommt heraus. Hier im Zimmer zum Beispiel kann ich überall hingehen mit meinem geistigen Auge, ich kann mit meinem geistigen Auge oben in die Ecke gehen und von da aus den Raum betrachten, egal wohin, das ist kein Problem.

Saskia: Ist Denken mit Bildern verbunden?

Christoph: Bei mir ja.

Maxi: Ich sehe immer ein Bild dabei.

Christoph: Film trifft es besser. Vielleicht gibt es da einen interessanten Schnittpunkt, wenn man von dem Bild dieses Films ausgeht, das hat ja auch immer was mit Dynamik zu tun, wenn man quasi in dem Augenblick, wo was passiert, sich schon vorstellt, wie es weitergeht. Man sagt ja auch gerne, du hast ja deinen eigenen Film drauf und hast gar nicht zugehört. Du bist also in deinem Film, und einer redet mit dir, du sagst dann ja, meinst auch, zugehört zu haben, aber du hast es gar nicht gehört, weil es gar nicht in den Film reinpaßt, den du gerade gedacht hast. Oder du bist schon zehn Schritte voraus.

5
Maxis Weg

Wir sind zwei Wege gegangen, den Weg über die Aachener Beratungsstelle nach Wegberg und den Weg der Selbsthilfe. Sie haben dahin geführt, daß Maxi inzwischen sogar Spaß am Lesen und Schreiben bekommen hat. Er hat begonnen zu experimentieren und sich ein völlig neues Schriftbild zugelegt. Maxis Schrift ist, wie er selbst sagt, jetzt »okay«. Er kann auch diktierte Texte in der Schule sauber mitschreiben.

»Maxis Lesegeschwindigkeit hat sich erheblich verbessert. Seit 1996 liest er Bücher, egal ob sie dick oder dünn sind. Früher hat er für ein Asterix-Heft mindestens 14 Tage gebraucht, jetzt liest er es in zwei Stunden. Das hat er mir allerdings erst erzählt, als er lesen konnte.

Ein weiteres großes Problem für Legastheniker sind verständlicherweise Fremdsprachen. Mit der ersten Fremdsprache (Englisch) kommt Maxi inzwischen ganz gut zurecht, wozu auch Aufenthalte in England beigetragen haben.

In der Schule sind Maxis Fortschritte leider nie honoriert worden. Das zeigt, wie abhängig er von Lehrerpersönlichkeiten ist. Das heißt, seine Emotionen spielen im Leistungsverhalten noch eine große Rolle. Bisher ist er nur wenigen unkonventionellen Lehrerinnen und Lehrern begegnet. Spürt er, daß ein Lehrer seine Person respektiert, ist er sofort motiviert. Er läßt sich aber nicht in die Norm pressen, er ist nicht pflegeleicht, entspricht selten der Erwartungshaltung eines Pädagogen mit *konservativen* Vorstellungen. Langsam versteht er, daß die Pädagogen am längeren Hebel sitzen. Maxi ist *abwegig,* wie viele Legastheniker, die ich kennengelernt habe. Er ist liebevoll, hat Humor, ist nie nachtragend, denkt nach, auch über seine Fehler, die er macht. Er ist 13 Jahre alt, in einem Umbruchalter. Fühlt er sich verletzt, kann er widerspenstig und provozierend sein und sich selbst schaden. Der andere hat vielleicht nicht einmal gemerkt, was er getan hat. Die alten Wunden brechen auf, aber Maxi hat gelernt, damit umzugehen. Er kann darüber sprechen. Das ist ein riesiger Fortschritt.

Wegberg: Das Aachener Förderprogramm

Durch den Landesverband Legasthenie lernte ich bereits 1995 Karl-Ludwig Herné kennen. Ostern ging Maxi nach Wegberg, wo die Aachener Beratungsstelle in den Schulferien Förderkurse anbietet, an denen vor allem Kinder teilnehmen, die nicht im Umkreis von Aachen wohnen. Dort kam Maxi zum ersten Mal bewußt mit anderen Legasthenikerinnen und Legasthenikern zusammen. Es war ein Schlüsselerlebnis für ihn, zu erfahren, daß es viele andere gibt, die das gleiche Problem haben, und mit ihnen zusammen eine Woche lang diesen Kompaktkurs zu durchlaufen. Maxi war so begeistert, daß er im Herbst 1996 unbedingt an einem weiteren Kurs teilnehmen wollte, was er auch tat. In diesem Kurs wurden die Blockaden vor Arbeitsblättern, also dem klassischen Umgang mit der Schriftsprache, wie er auch in der Schule gefordert wird, aufgebrochen.
Dort hat er auch in der Betreuung positive Rückmeldungen erlebt, die in der Schule ausblieben, und herausfinden können, wo er steht, welche Fortschritte er gemacht hat. Ich traute meinen Augen nicht, als ich in Maxis Abschlußbericht von seinen Lernfortschritten erfuhr, von seinem »vor-

Iod sublimiert und resublimiert

Zeichnung!

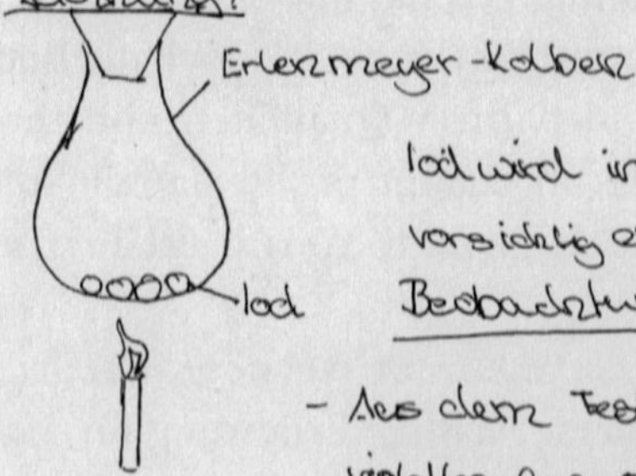

Iod wird im Erlenmeyer-Kolben vorsichtig erhitzt.

Beobachtung:

- Aus dem Teststoff bildet sich ein violettes Gas, ohne daß vorher eine Flussigkeit entsteht
- An kühlen Stellen des Kolbens bildet sich kleine glitzernde Kristalle

Erklärung:

- Beim Erwärmen sublimiert Iod, d.h. es geht vom festen Zustand sofort in den gasförmigen Zustand über. Kühlt das Gas an einigen Stellen ab, so resublimiert Iod wieder. d.h. es geht vom gasformigen Zustand in den festen Zustand über.

Maxis neues Schriftbild, siebte Klasse (1997)

bildlichen und positiven Arbeitsverhalten«, seinem »stabilisierten Selbstbewußtsein«. Solche Vokabeln waren mir in bezug auf Maxi völlig neu, denn das Feedback aus der Schule war genau gegenteilig. Das hat mir einmal mehr in schmerzhafter Weise demonstriert, wie stark doch die Beurteilung *problematischer* Kinder, ihrer Qualitäten und ihrer Persönlichkeit und ob sie überhaupt problematisch sind, von den jeweils zugrundeliegenden Wertmaßstäben abhängt.

Lernen im *geschützten Raum,* wie es in Wegberg praktiziert werden kann, ist eine äußerst wichtige Erfahrung für Maxi gewesen. Das Konzept der Beratungsstelle bewirkt die Auflösung der Blockaden, die die Kinder in sich tragen. Lesen und Schreiben machen plötzlich Spaß. In den Ferienkursen findet eine Identifikation statt, die den Kindern zeigt, daß sie nicht mit dem Problem allein sind, daß nicht *sie* das Problem sind und daß sie sehr wohl, auch sehr effektiv, lernen können.

»Wir veranstalten Ferienkurse für Kinder, die nicht an unserer Förderung in Aachen teilnehmen können und die wir als Kompaktkurse durchführen. Sie dauern eine Woche und beinhalten ein kleines Freizeitprogramm. Vor kurzem habe ich einen Brief von einem Schüler erhalten, der vor zwei Jahren bei uns war und jetzt kurz vor dem Schulabschluß steht. Angesichts dieser Tatsache, daß er einen Entschluß für seinen späteren Beruf fassen mußte, erinnerte er sich noch einmal an uns und schrieb mir, daß er zwar immer noch sehr viele Fehler macht, aber wesentlich weniger als zu der Zeit, als er zu uns in die Förderung kam. Er teilte mir mit, daß er bei uns sehr schön gelernt hat, mit diesen

Fehlern, die er noch macht, umzugehen und zu diesen Fehlern zu stehen. In dieser Zeit hat er ein gesundes Selbstbewußtsein entwickelt. Er bedankte sich in diesem Brief vor allem auch dafür, daß wir ihm den Weg gezeigt haben. Jetzt ist er in der Lage, mit den Fehlern die er noch macht, die er wahrscheinlich nie in den Griff bekommen wird, zu leben und zu diesen Fehlern zu stehen.«

Karl-Ludwig Herné

In Wegberg machen die Kinder einen Einstufungstest mit der *Aachener Förderdiagnostischen Rechtschreibprobe.* Das Leistungsprofil wird mit *AFRA (Aachener Förderdiagnostische Rechtschreibfehler-Analyse)* erstellt. *AFRA* ist ein Auswertungsverfahren, das strukturierte, linguistisch fundierte Rechtschreibfehlerkategorien bietet. Es gibt drei Analyse-Ebenen, die grob den linguistischen Beschreibungsebenen Phonologie (Gegensätzlichkeit sprachlicher Formen in Betonung, Tonhöhe usw.), Morphologie (Untersuchung von Wortanbau, Flexionsformen und Wortbildung) und Syntax (Lehre von der Zusammenfügung der Wörter zu Sätzen) entsprechen. Die phonologische Analyse-Ebene macht den Hauptuntersuchungsanteil aus. Ihr liegt die Tatsache zugrunde, daß unser Schriftsystem lautorientiert ist.
Auf dieser Basis wird das Kind dann in Kleingruppen gezielt gefördert. Dabei wird auch am Computer gearbeitet. Karl-Ludwig Herné hat dazu die Rechtschreibliche Lernsoftware *ARELA (Aachener Rechtschreiblabor)* entwickelt. Nach Abschluß des Kurses wird der aktuelle Leistungsstand untersucht und ausgewertet.
Letztlich ist unklar, was beim Lernprozeß in der Schule wohl schiefläuft und so viele Lernblockaden weckt, weitge-

hend unabhängig davon, ob ein Kind etwas mit Legasthenie zu tun hat oder nicht. In Wegberg jedenfalls werden die Stärken der Kinder regelrecht aufgeweckt, voller Energie schreiben sie Zeitungsartikel oder Hörspiele und lesen ohne Hemmungen Texte vor.

> »Das ist eine sehr schöne Erfahrung für die Kinder. Sicherlich gibt es auch im normalen Schulbetrieb die Möglichkeit, daß Kinder Schülerzeitungen gestalten oder vielleicht auch kleine Bücher zusammen erstellen. Aber leider sieht es dann so aus, daß gerade die Kinder, die es am meisten nötig hätten, daran beteiligt zu werden, davon ausgeschlossen oder gar nicht erst gefragt werden. Manchmal trauen es sich die Kinder auch überhaupt nicht zu, bei solchen Projekten mitzumachen. Wenn man aber unter sich ist, dann traut man sich eher schon mal, den Finger zu heben und zu sagen, da mache ich jetzt mit. Es zeigt sich dabei, daß diese Kinder weit über das hinaus, was von ihnen erwartet wird, Engagement zeigen und sich bis weit über den Freizeitbereich hinaus für so ein Projekt engagieren.«
>
> *Karl-Ludwig Herné*

Die außerordentlich engagierten Pädagogen, Sprachwissenschaftler, Psychologen und Sozialarbeiter – Männer und Frauen – der Aachener Beratungsstelle leisten hervorragende Arbeit. Das menschliche Miteinander steht bei ihren Fördermaßnahmen an oberster Stelle, aus dem Wissen heraus, wie sehr diese Kinder im Schulalltag an ihrem Selbstwert zweifeln. Die Kombination aus Freizeit, spielerischem Lernen, Entspannungsübungen, Spaß an der Arbeit in einer menschlichen und freien Atmosphäre kann Berge versetzen.

Selbsthilfe

Die Erfahrungen mit der Aachener Beratungsstelle waren für mich sehr gut, es war eine konstruktive Unterstützung durch Externe auch für den Schulalltag. Da es in unserem Umfeld keine vergleichbare Institution gab, die Maxi ansprach, waren wir gezwungen, uns im Alltag selbst weiterzuhelfen. Wir haben mit Teilen der Davis-Methode, die mir sinnvoll erschienen, zu Hause gearbeitet. Das war zum einen die Orientierungstechnik, die nach Davis auf die Korrektur der Wahrnehmung abzielt durch die Herstellung eines orientierten (sich im Gleichgewicht befindenden) Zustands. Das Gegenteil der Orientierung ist die Desorientierung, d. h. eine Person, die desorientiert ist, hat keine konsistente Wahrnehmung und macht Fehler, z. B. beim Lesen und Schreiben. Einen in diesem Sinn orientierten Zustand herzustellen, erschien mir für die Herstellung von Aufmerksamkeit, Gelassenheit, Ruhe, Selbstsicherheit, Ausgeglichenheit und um mit Streßsituationen umgehen zu können, besonders sinnvoll.
Ergänzend hat Maxi Entspannungstechniken und Streßbewältigungsmethoden gelernt. Allein schon diese Kombination hat dazu geführt, daß sein Schriftbild langsam deutlicher und gegliederter wurde, mit anfangs vielen Rückfällen, wenn er unter Druck stand.

Die folgenden beiden Bilder zeigen den Gegensatz. Das erste Bild zeigt Maxis Schrift, wenn er desorientiert ist. Er war damals zehn Jahre alt und in der fünften Klasse. Er konnte sich den Orientierungspunkt nicht zu Hilfe holen, weil er unter Druck stand, als der Lehrer diesen Text in der Schule diktierte. Es ist ihm bewußt, daß er unleserlich schreibt, und es ist ihm unangenehm, weil er Angst hat, heruntergemacht zu werden. Er kann diesen Prozeß nicht aufhalten, weil er glaubt, sonst nicht mehr mitzukommen.

Das zweite Bild zeigt Maxis Schrift einen Tag später. Er konnte sich orientieren. Konstante (orientierte) Wahrnehmung ist Voraussetzung für Lesen und Schreiben. Ich hatte Maxi den gleichen Text zu Hause diktiert. Weil er nicht unter Druck stand, konnte er sich mühelos den Orientierungspunkt einstellen. Er hatte das Gefühl, Zeit zu haben.

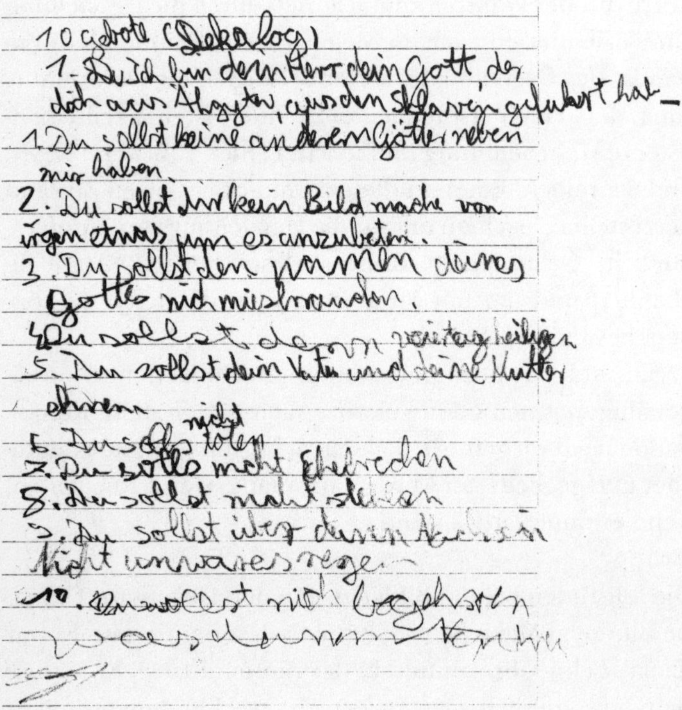

Maxi: Diktat im desorientierten Zustand

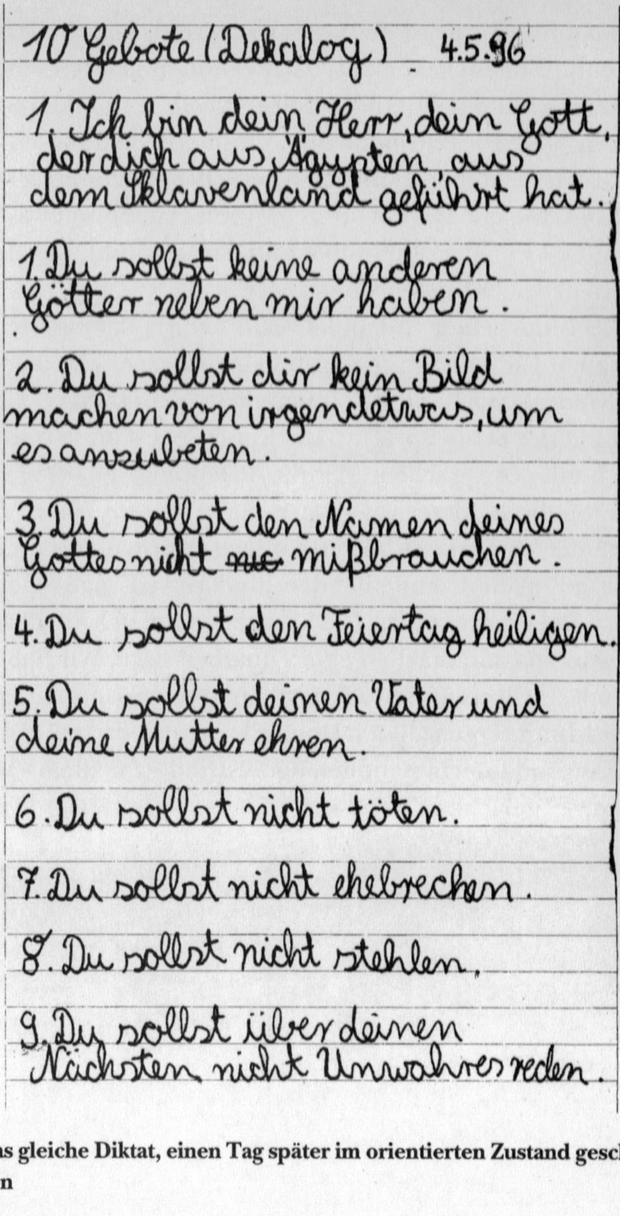

10 Gebote (Dekalog) 4.5.96

1. Ich bin dein Herr, dein Gott, der dich aus Ägypten, aus dem Sklavenland geführt hat.

1. Du sollst keine anderen Götter neben mir haben.

2. Du sollst dir kein Bild machen von irgendetwas, um es anzubeten.

3. Du sollst den Namen deines Gottes nicht ~~zu~~ mißbrauchen.

4. Du sollst den Feiertag heiligen.

5. Du sollst deinen Vater und deine Mutter ehren.

6. Du sollst nicht töten.

7. Du sollst nicht ehebrechen.

8. Du sollst nicht stehlen.

9. Du sollst über deinen Nächsten nicht Unwahres reden.

Das gleiche Diktat, einen Tag später im orientierten Zustand geschrieben

Ein weiterer Schritt ist die Symbolbeherrschung, wie Davis sie nennt. Er geht davon aus, daß Legastheniker sich schon in früher Kindheit darauf spezialisiert haben, in Bildern zu denken, und ein Bild brauchen, um die Bedeutung eines Wortes zu verstehen. Mit der Symbolbeherrschung lerne das Kind, wie ein Symbol aussieht, wie es lautet und was es bedeutet. Es knetet das Symbol und dazu ein Bild. Das Bild wird dem Symbol zugeordnet.

Ob Davis mit seiner Annahme recht hat, sei dahingestellt. Auf jeden Fall hat dieser Zugang einen Lerneffekt, macht den Kindern Spaß und gibt ihnen mehr Sicherheit im Umgang mit der Schriftsprache. Die Kinder befassen sich spielerisch mit der Sprache und ihrer Bedeutung.

Diese Methode bietet viele Anreize für weitere Übungen, die den erschwerten Bezug zur Sprache normalisieren helfen. Eine solche Übung, die den Kindern viel Spaß macht, heißt: »Kreiere ein Wort.« Die Kinder denken sich ein Phantasiewort aus und machen eine Tonarbeit dazu. Wir haben das mit mehreren betroffenen Kindern zusammen gemacht. Im Rahmen dieser Übung kamen interessante Ergebnisse und Interpretationen heraus, und – vor allem – wir haben viel gelacht.

Maxi knetet das Alphabet

Maxi knetet das Auslösewort »auf« mit Bildzuordnung

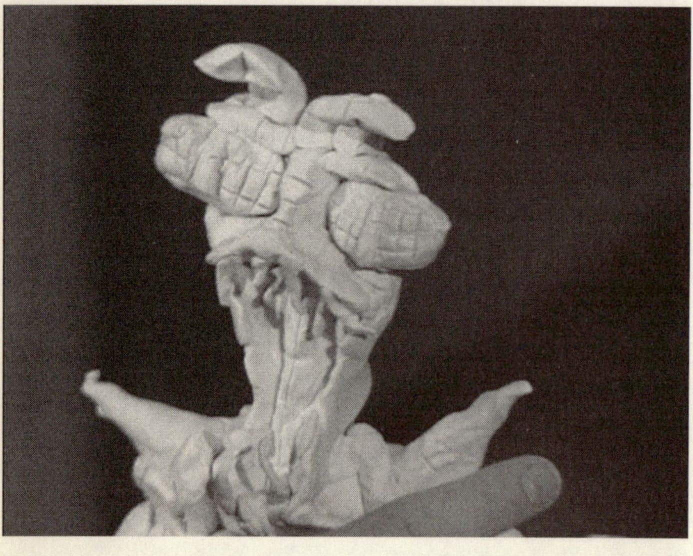

Vincent kreiert ein Wort und eine Tonarbeit dazu: SKIER, das Monster, das ungerechte Lehrer frißt

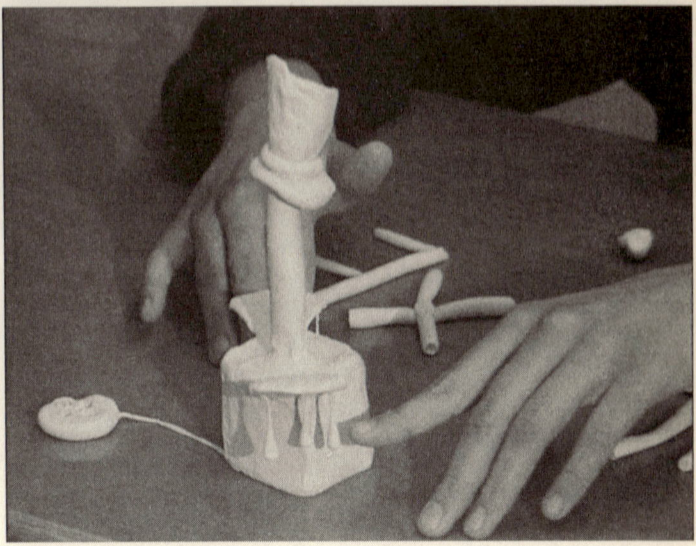

Mira kreiert das Wort KHLIXE und eine Tonarbeit dazu

6
Legasthenie und Schule

Auch heute sind unsere Schulen nicht ein Lebens- und Erfahrungsraum, nicht »a place for kids to grow up in«, nicht die polis, an deren Idealen, Aufgaben und Problemen die jungen Menschen lernen und sich bewähren, sondern Bewahranstalt oder Treibhaus oder Schonraum oder »cooling-out institution« oder Sortieranstalt oder Startmaschine oder Nachwuchsproduzent oder Sozialstation oder alles auf einmal.

Hartmut von Hentig

Am Beispiel Legasthenie haben wir die Ungerechtigkeiten eines Schulsystems erfahren, in dem kein Platz ist, mit Schülerinnen und Schülern umzugehen, die anders sind als der Durchschnitt, die anders denken, anders lernen und anders wahrnehmen. Permanente Fehleinschätzungen von Begabung, Kreativität, Persönlichkeit vieler betroffener Kinder prägen ihren Lebensweg und ihre Entwicklung in fataler Weise.

Ich habe mich gewehrt und dabei erst festgestellt, wie viele Dramen sich in Familien abspielen, in denen es Kinder gibt, die anders sind, und das beginnt in der Schule. Geht man von der geschätzten Zahl von Legasthenikern aus, geraten Hunderttausende von Eltern in die gleiche Situation wie wir. Und Legasthenie ist ja nur *ein* Phänomen. Es gibt auch andere sogenannte *Teilleistungsstörungen,* ganz zu schweigen von den Hochbegabten, wo die Unfähigkeit unseres unbeweglichen Schulsystems in der Erkennung, Einschätzung,

Wertung und im Umgehen mit Begabungen in besonders eklatanter Weise zutage tritt.
In all diesen Fällen leiden die Betroffenen und ihre Begleiter in gleicher Weise und rennen letztlich vor die gleichen Wände. Das Problem ist viel grundsätzlicher zu sehen, es spiegelt eine Gesellschaft wider, die durchrationalisiert und durchnormiert ist. Menschen sind aber keine normierten Wesen. Die Natur hält sich nicht an unsere Normen. Es gibt noch keinen DIN-Menschen. Und Eigenschaften, die heute noch im Zusammenhang mit *Störungen* gesehen werden, sind vielleicht morgen schon in höchstem Maße wichtig. Beispiele dafür gibt es genug.
Es geht natürlich nicht darum, Normen generell in Frage zu stellen, aber sinnvoll wäre es, sie in dem Kontext zu sehen, für den sie gemacht wurden und wo sie ihre befristete Gültigkeit haben.

Wenn Schule zum Alptraum wird

Schule ist die problematischste Institution für legasthenische Kinder. Ich greife hier unsere eigene Geschichte wieder auf, um zu schildern, wie schleichend Schule für alle Beteiligten zum Alptraum werden kann. Betroffene Kinder, ihre Eltern und engsten Bezugspersonen werden eine ähnlich schmerzhafte Schulgeschichte hinter sich haben wie wir: Diktate, Diktate, mal ohne Fehler, mal voller Fehler, sinnloses Üben, die Weigerung zu lesen, Streit und immer wieder Streit um die Hausaufgaben und die sogenannte *Arbeitshaltung,* die Ordnung am Schreibtisch und in der Schultasche: »Ihr Kind ist faul und hat keine Arbeitshaltung! Es kann sich nicht konzentrieren! Es muß mehr üben, sich mehr anstrengen, bemühen, ordentlicher sein.« Diese

Aussagen kommen Ihnen vielleicht bekannt vor? Sie haben uns bereits durch die Grundschulzeit begleitet.
Im vierten Schuljahr hatte sich diese Entwicklung bei uns zugespitzt. Wir waren zum Problem geworden. Das Problem allerdings war für mich noch nicht klar zu verstehen, es bewegte sich auf so vielen Ebenen, wurde ebenso unterschiedlich wahrgenommen. Ich bemerkte Widerstand bei meinem Sohn, Widerstand gegen das Lesen und Schreiben. Und Widerstand gegen Personen. Der Umgang mit der Schultasche und ihrem Inhalt, sprich Ordnung, wurde immer schlimmer. Eselsohren in Büchern und Heften, auslaufende Füller, Filzschreiber, zerbrochene Buntstifte, nicht eingeheftete, zerknickte Arbeitsblätter usw. Es gab aber auch Fächer, da war Maxi offensichtlich engagiert und aufmerksam wie Religion, Mathe und Sachkunde. Mit der Klassenlehrerin wurde das Verhältnis angespannt. Maxi fühlte sich oft heruntergemacht und nicht angenommen. Die Lehrerin fühlte sich wahrscheinlich von ihm provoziert, allein schon durch seine schlampige Heftführung. Ich bekam die Frustration ab, konnte mir aber überhaupt nicht erklären, warum Schule zum wachsenden Problem wurde. Denn eines wußte ich im Gegensatz zu seiner Lehrerin ganz genau: Maxi war in keiner Weise dumm. Im Gegenteil, er war weit überdurchschnittlich intelligent, das wurde später von Fachleuten festgestellt, war seinen Altersgenossen um zwei Jahre voraus. Er war blockiert, aber warum? War es der Lehrerwechsel, war es die Auseinandersetzung mit seinem Vater, war es meine Berufstätigkeit als Alleinerziehende, war es alles zusammen? An alles habe ich gedacht, nur nicht an Legasthenie.

Nun ging es um die Frage der weiterführenden Schule. Gymnasium? »Nein! Tun Sie ihm das nicht an! Legastheni-

ker? Nein, er ist kein Legastheniker«, sagte die Lehrerin. Ich mußte mich einmischen, konnte nicht mehr sagen, es wird schon alles werden. Natürlich habe ich mich hinter meinen Sohn gestellt, ich bin gar nicht auf den Gedanken gekommen, daß er ungeeignet für das Gymnasium sein könnte. Woher die Rechtschreibschwierigkeiten kamen, konnte ich mir nicht erklären. Ich selbst hatte die Hoffnung, daß sich auf der weiterführenden Schule die Probleme lösen werden, daß sie sich entzerren durch die größere Anzahl an Personen, die dort am Lehrbetrieb beteiligt sind. Mit neuem Mut ging es in die neue Schule. Vielleicht würde sich alles auflösen, der Widerstand, die Blockaden – durch andere Anforderungen, Anregungen? Das war eine Illusion. Mein Sohn war *doch* Legastheniker!
Ein Deutschaufsatz mit unzähligen Fehlern brachte uns im Sommer 1995 zum Handeln. Ich machte Termine, beim Psychiater zum Legasthenietest, beim Augenarzt, beim Ohrenarzt mit meinem inzwischen widerspenstigen Sohn. Unser Kalender ließ unsere Tage noch kürzer werden. Als wir dann endgültig mit der Tatsache der Legasthenie konfrontiert waren – auch das ist kein so einfacher Prozeß für ein Kind –, als wir also hinnehmen mußten, daß es so ist, mein Sohn sich noch mal dagegen aufbäumte – »Will ich nicht sein!« –, kam die Erlösung, da wir ja nun handeln konnten. Allerdings hatten wir zwei wertvolle Jahre verloren. An diesem Punkt angekommen, war schon einiges an Maxis Selbstwertgefühl zerstört.
Was ging in meinem Kind vor? Warum fühlte es sich immerzu mißverstanden, nicht angenommen? Hatte ich als Mutter versagt? Diese Frage tauchte natürlich sofort auf. Was tun? Das Problem Schule dominierte unser Familienleben immer mehr. Ich spürte, die Zeit arbeitet gegen uns, es mußte

etwas geschehen. Es ist nicht gerade einfach, als Berufstätige und Alleinerziehende, das alles unter einen Hut zu bekommen. Ich selbst geriet unter einen enormen Druck. Aber es ist auch so, daß einem Kräfte zuwachsen in Ausnahmesituationen. Das habe ich immer wieder erfahren.
Ich tat alles, was in meinen Kräften stand, um den Menschen Maxi der geforderten Norm anzupassen, das war zunächst das Ziel, das ich sehen konnte. Hände wurden ihm gereicht, auch von Lehrerseite, Maxi griff nicht zu, er wollte nicht. Im Gegenteil, er entwickelte Verhaltensauffälligkeiten. Offensichtlich verstand er nicht, was wir von ihm wollten, er nahm die wohlgemeinte Hilfe nicht an. Warum? Ich konnte das damals nicht verstehen. Warum diese Qual, warum diese Blockaden? Schule ist schließlich eine Institution, die durchlaufen werden muß, wichtig für die darauf aufbauende Existenz, später im Leben. War es das Verschieben der *wirklichen Erfahrung* auf später im Leben?
Kinder und Jugendliche sind doch schon im Leben. Werden sie in der Schule vom Leben ferngehalten? Oder liegt es am Lernprozeß selbst? Denn jeder lernt wahrscheinlich am besten, wenn er auch den Sinn dessen, was er lernen soll, versteht, wenn Erfahrungen in natürlicher Weise Bedürfnisse wecken.
Oder war es die Pädagogik? Was ist das überhaupt, Pädagogik? Ich erinnerte mich an ein Gespräch zwischen dem Schulleiter der Grundschule und meiner Tochter, das vor ihrer Einschulung stattfinden mußte, da sie ein *Kann-Kind* war. Lieb und nett zeigte er ihr viele Bilder, unter anderem von der Sonne, Krankenwagen, Schneemännern etc., und fragte sie: »Was ist das?« Sie fühlte sich nicht ernst genommen, verließ zu meinem Entsetzen den Raum mit der Bemerkung: »Deine blöden Fragen kannst du dir alleine be-

antworten.« Der Schulleiter war baff und zweifelte zunächst an ihrer Schulreife. Sie wurde trotz ihrer Bemerkung eingeschult. Hatte sie nicht recht, sich von den rhetorischen Fragen provoziert zu fühlen? Warum kann so eine Begebenheit nicht mit Humor gesehen werden? Wäre auch eine Möglichkeit.

Zurück zu meinem Sohn. Ich mußte also den Dialog mit den Lehrern aufnehmen. Der kann ja auch fruchtbar sein, wenn das Kind auf die gewünschte Bahn geht, in die Norm, sich wohl verhält, guten Willen demonstriert. »Ich weiß, ich bin blöd«, war Maxis Standardsatz in dieser Zeit. Der Test beim Psychiater bewies das Gegenteil. Wie konnten die Wahrnehmung der Schule und der Test so weit auseinanderklaffen? Maxi sperrte sich. Ich hörte die immer gleichen Kommentare: Maxi kann sich nicht konzentrieren, er träumt sich weg, er macht seine Hausaufgaben nicht ordentlich, er gibt sich keine Mühe, er strengt sich nicht an. Es waren in erster Linie disziplinarische Angelegenheiten, die seinen Fall nicht gerade vereinfachten.
Vermittlungsversuche nach beiden Seiten sind unerläßlich. Ich bemühte mich, eine Moderatorinnenrolle einzunehmen. Die Erwartung der Schule macht natürlich auch Druck: Wann wird das nun endlich anders? Wir bekamen eine unausgesprochene Frist, waren in dieser Frist geduldet. Die Erwartungshaltung ist natürlich spürbar. »Na los, zeig mal, daß du ein bereitwilliges Kind bist mit einem für ein Gymnasium angemessenen Sozialverhalten, es gibt schließlich noch andere Schulformen …« – das schwebte wie ein Damoklesschwert über Maxi.
Wenn ich versuche, mich in die Lehrerrolle zu versetzen, kann ich mir vorstellen, was für eine Herausforderung so

ein Kind in einem relativ großen Klassenverband darstellt. Legasthenikerinnen und Legastheniker brauchen aber Lehrer, die Verständnis zeigen, ihre Qualitäten sehen und herauslocken können und nicht nur Noten nach formalisierten, undifferenzierten Regeln geben. Sonst wird Schule zum Alptraum, ganz sicher, und zwar für alle Seiten. Durch die Notengebung bekommen legasthenische Kinder meist ein permanentes negatives Feedback in der Schule. Das ist ein Dilemma. In der Regel werden nur ihre Mängel gesehen, selten ihre Stärken, da sie in die gängigen Bewertungskriterien nicht passen und Lehrer meist nicht ausgebildet sind, den besonderen Lernstil eines legasthenischen Kindes wahrzunehmen. Legastheniker sind aber leicht motivierbar, wenn sie mal ein Lob ernten, auf ihren Lernstil eingegangen oder ihnen Verantwortung übertragen wird. Das ist in der Praxis leider reine Glückssache, da abhängig von Persönlichkeiten. Meist läuft der Kampf in der Schule darauf hinaus, die Kinder der Norm anzupassen. Entweder entwikkeln sie Strategien und zwanghafte Verhaltensformen, um vor sich selbst und den anderen bestehen zu können, oder sie geraten in einen Selbstzerstörungsprozeß und landen in anderen Schulformen. Finden sie Rückhalt und Unterstützung, wird ihr Selbstwertgefühl nicht völlig untergraben, haben sie die Möglichkeit, die Schule zu durchlaufen, was ja eine Voraussetzung für das spätere Berufsleben ist.

> »Beim Theater habe ich gelernt, dem Fehler nicht mehr so viel Macht zu geben. Es ist klar, daß der Fehler als solcher und besonders der angestrichene Fehler mir wahnsinnig viel Macht demonstrierte, also Ohnmacht und Angst auslöste. Im Theater habe ich die Erfahrung des Dabeisein-Könnens gemacht. Ich habe

die Freiheit der Nichtanweisung erfahren, gerade im improvisierten Theater, und das konnte ich dann auch in richtige Rollenstücke mit einbringen. Die Freiheit, was tun zu können, was zwar auch *Fehler* und das *Richtig* und *Falsch* beinhaltete und trotzdem auch das Dabeisein-Können, das war eine wichtige Erfahrung für mich. Schule heißt ja auch, dabeisein zu wollen oder sich auch mitfreuen zu können über die Schule. Diese Freude konnte ich in dem Sinne nie teilen, weil ich sie nicht belegen konnte durch entsprechende Noten. Das konnte ich im Theater erfahren. Das Feedback war eben ein anderes.«

Arnes

Wie ist das, wenn Schule zum Alptraum wird? Heute kann ich das rekonstruieren. Ich wollte meinem Sohn so schnell wie möglich Hilfestellung geben, Integrationshilfe, daß er mit den Anforderungen der Schule zurechtkommt. Das beinhaltete den Lernstoff, die erste Fremdsprache, das Sozialverhalten und die Voraussetzung dazu: Lesen und Schreiben zu stabilisieren. Das beinhaltete die Auflösung von Maxis Blockade, und eine Voraussetzung dazu war, die Grundkulturtechniken Lesen und Schreiben quasi neu zu lernen. Das wiederum setzte die Stabilisierung des Selbstwertgefühls voraus. Maxi mußte die Möglichkeit haben, aus der *Opferecke* herauszukommen, aus der selbstzerstörerischen Wahrnehmung, die er immerzu äußerte: »Ich weiß, ich bin blöd.«

Ich fühlte mich oft überfordert. Ich mußte ja zunächst selbst erst erfassen, was Legasthenie bedeutet, gleichzeitig mein Kind aufbauen, Informationen einholen, herausfinden und ausprobieren, welcher Weg ein Ausweg sein kann, meinem

Beruf nachgehen, den anderen Familienmitgliedern gerecht werden, den gesamten Ablauf, in meinem Fall als Alleinerziehende und Berufstätige, nicht zusammenbrechen lassen und den Dialog mit der Schule führen. Dazu kommt, daß gerade in der Anfangsphase jede unbedachte Äußerung (zum Beispiel eines Lehrers) mich zu Hause wieder von vorne beginnen ließ. Ich fühlte mich wie Sisyphus. Ich baute Maxi auf, der Alltag baute ihn in Windeseile wieder ab.
Meine Emotionen kamen natürlich auch zum Vorschein. Falsches Mitleid machte mir Wut, das Betreten der Schule erzeugte in mir lange Zeit Widerstand. Mir selbst wurde der Gedanke an Klassenpflegschaftssitzungen, Schulfeste, Elternsprechtage, Telefonate mit Lehrerinnen und Lehrern zunehmend unangenehm. Zum erstenmal machte ich die Erfahrung, hilflos auf festgefügte Meinungen über mein Kind zu stoßen, die Erfahrung von Scheingesprächen, denn ins Gesicht wurde mir nichts gesagt, ich spürte das nur, es war subtil. Ein Unwohlsein kam in mein Leben, das ich erst später entschlüsseln konnte, weil es mit Stigmatisierung zu tun hat. Mir war damals nicht bewußt, daß wir uns in einem Prozeß befanden, der mit der Norm, mit dem Raster von Schule, schwer vereinbar ist. Maxi fuhr nicht in der Schiene, und ich konnte nicht verstehen, warum. Oft hätte ich einfach weglaufen mögen. Durchhalten, egal was ist, das klappt nicht immer. Wir Begleiter brauchen auch ein Ventil, eine Blumenwiese oder einen Punchingball, je nachdem. Zum Glück gibt es Schulferien, denn Erholungspausen sind unentbehrlich, um Dinge relativieren zu können.

Ich habe zwei Jahre gebraucht, um gelassener zu werden. Es war ein ständiger Prozeß, meine Souveränität zu gewinnen, meine Sichtweise pragmatischer werden zu lassen, meine Emotionen zu verstehen, mich in die Sichtweise der Lehrer einzudenken und meinen Sohn so auszustatten, daß er anfing, sich selbst zu helfen, eigenverantwortlich zu handeln. Ich mußte sehr viel lernen, um nicht in der Sackgasse zu landen, um den Alptraum aufzulösen, ich mußte Klischees verlassen, Begriffe neu klären, verstehen lernen und Denkweisen in Frage stellen. Das hat auch meine Sichtweisen verändert.

Kollision mit der Norm

Wenn Sie als Oma eine Postkarte wie die folgende von ihrer Enkelin bekommen, werden Sie wohl vermuten, daß irgend etwas nicht stimmt. Vielleicht hat der Lehrer schon mal zu Hause angerufen und sich über die Traumzustände ihrer Enkelin beklagt.

Was muß in einem Kind vorgehen, wenn es im Vergleich zu seinen Klassenkameraden die Schriftsprache nicht auf die Reihe kriegt? Vielleicht hat sich das Kind schon zum Klassenkasper entwickelt. Was nun? Alarm? Im Schriftbild wird sichtbar, daß eine Kollision mit dem, was wir alle für selbstverständlich halten, stattfindet, nämlich dem Schreibenlernen in einem vorgegebenen Rahmen. Was heißt das: Legastheniker lassen sich nicht so einfach in die Norm unseres Regelschulsystem integrieren? Ich verdanke es zahlreichen Gesprächen, die ich mit Legasthenikern führen konnte, daß ich diesen Satz verstehen lernte. Das brauchte Zeit und gegenseitiges Vertrauen. Ich wollte wissen, was ist denn ihr anderer, eigener Lernstil und was führt zur Kollision mit der Norm?

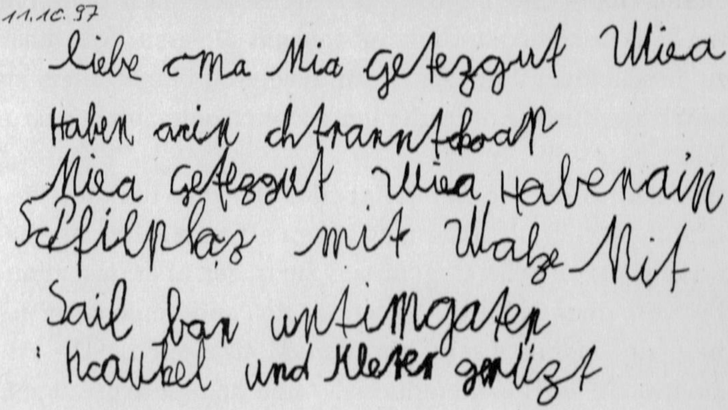
11.10.97
liebe oma Mia getezgut Wiea
Haben ain chtranntboat
Miea getezgut Wiea Habenain
Schfilplaz mit Walze Nit
Sail ban untimgaten
Kaukel und Kleter gerlizt

Postkarte von Anika (Grundschule)

Was bedeutet der Begriff Norm? Norm ist laut Duden eine Vorschrift, eine Regel, nach der etwas durchgeführt wird bzw. hergestellt wird. Normal heißt, der Norm entsprechend. Das beginnt schon als Kleinkind. Der Pantomime Samy Molcho schreibt: »Von Geburt an erleben wir: Ein gutes Kind ist, wer die Wünsche der Eltern befolgt, und Lob und Liebe sind der Lohn. Ein Kind, das den eigenen Wünschen folgt, ist ein böses Kind, und Ärger und Liebesentzug sind die Strafe.«[33] Samy Molcho nennt das den *Plan,* wer den *Plan* verläßt, unangepaßt ist, oppositionell ist, ein beweglicher Geist, den Spielraum nutzt, gilt schnell als unruhig oder Unruhestifter. Molcho kritisiert, daß in der Erziehung das Körpervokabular arm bleibt, daß wir der Sprache eine einseitige und zu große Bedeutung zubilligen. »Die verbale Sprache ist ein abgemachter Code und in ihren Inhalten schon Träger des Planes. Der Körper reagiert spontan, die Sprache unterliegt der Norm und ist selbst Kontrollinstrument.« Was für die Familie gilt, gilt auch für die »geplante

Gesellschaft«. Sie bewirkt, daß Menschen dazu gebracht werden, weniger zu erleben, sich mit kleinem Vokabular zu bescheiden, funktionell zu reagieren, Emotionen zu unterdrücken, die individuellen Möglichkeiten nicht auszuloten.[34]
Was fällt in die Norm? Rationelles Denken, funktionelles Handeln? Gefühle jedenfalls gelten als Schwäche oder bewirken Ängste beim Gegenüber. Sie tragen aber unser ganzes Sein, über Gefühle können wir den anderen erst verstehen, sie bilden unsere stärksten Motivationen. »Du bist emotional« oder »zu emotional«, sind häufige Wertungen. Oft haben Menschen nicht gelernt, mit Gefühlen umzugehen. Gerade bei Kindern, die aus der Norm fallen, wird beobachtet, daß sie intensiv empfinden und besonders feine Gefühlsantennen haben. In der Regel bezeichnen wir das als *überempfindlich,* was auch ein negativ besetzter Begriff ist. Dieses Phänomen trifft gerade auch auf Begabungen zu.

> »Schon viel früher, als die meisten Menschen annehmen, können hochbegabte Kinder Körpersprache interpretieren und die Emotionen deuten, die im Klang einer Stimme mitschwingen. Auch wenn sie die Worte nicht verstehen – die Gefühle verstehen sie.«[35]

Das macht sie anfällig, sich von Gefühlen anderer abhängig zu machen. Noch anfälliger, als es bis zu einem gewissen Grad jeder Mensch ist, denn wer will nicht geliebt und akzeptiert werden? Es ist wichtig, Kindern Strategien aufzuzeigen, mit Kritik und Ablehnung umzugehen. Sind sie jung, können sie nicht unterscheiden zwischen Kritik an einer Sache und Kritik an ihrer Person. Sie brauchen emotionale Sicherheit, um sich selbst zu verstehen und die anderen, um Toleranz entwickeln zu können und zu lernen, Frustrationen besser zu ertragen, mit ihnen umzugehen, um nicht zu zerbrechen.

Legasthenische Kinder werden in ihren Gefühlen schon sehr früh verunsichert, sie fallen in der Schule auf, wenn sie nicht richtig lesen und schreiben können. In dem Augenblick kommt der Konflikt mit der Norm, denn warum können denn die anderen schreiben? »Bei mir muß ja irgend etwas nicht stimmen!« Ist ein Legastheniker an diesem Punkt, wird er schon zahlreiche Tricks und Strategien entwickelt haben, dies zu kaschieren.

Irgendwann fällt er trotzdem auf, in der Regel soll er nun mehr üben, denn »Übung macht den Meister«, wie es sprichwörtlich heißt. Wenn das nicht klappt, wird's ernst, der Familienfrieden ist in Gefahr, die Nerven der Begleiter werden strapaziert. Irgendeinen Defekt muß er ja wohl haben, Lesen und Schreiben lernt doch jeder! Dann taucht vermutlich der Begriff *Teilleistungsschwäche* auf, *LRS, Legasthenie* … Daß es sich eventuell nur um eine anders funktionierende Wahrnehmungsweise handeln könnte, wie von Davis beschrieben, womöglich sogar um ein Wahrnehmungstalent, das paßt überhaupt nicht ins Konzept.

Das Ausbildungssystem, und damit auch die Normen, wurden mit bestimmten Vorstellungen entwickelt. Und die Menschen, die diesen Vorstellungen nicht entsprechen, die einen anderen Lernstil haben, fallen von Anfang an aus diesem System heraus.

Ein Begleiter kann das nicht so schnell nachvollziehen. Schule ist schon verklärte Erinnerung, »hab ich doch auch geschafft!« Daß Legastheniker sich nicht so einfach in unser Regelschulsystem integrieren lassen, darauf kommen sie zunächst gar nicht. Es ist nur offensichtlich, daß Legastheniker innerhalb der vorgegebenen Wertmaßstäbe nicht funktionieren. Nach herkömmlichen Methoden zu üben nützt schlicht nichts. Im Gegenteil! Und man kann das Kind nicht zwingen, gegen seine Natur zu lernen. Die Persönlichkeit über die Norm zu stellen heißt, zu erkennen, daß das Kind noch lange kein Versager ist.

Wird das nicht akzeptiert, beginnt der Teufelskreis. Das Lernen wird angstbesetzt. Angst vor Diktaten, Kopfschmerzen, Bauchschmerzen bis hin zur Lese- und Schreibhemmung können die Folge sein. Geschriebene Wörter und Sätze machen nun sichtbar, was das Kind immer noch nicht gelernt bzw. kapiert hat. Das Kind wird nun buchstäblich zum Problem *gemacht*. Es landet in dem typischen Bewertungsraster: »faul, dumm, Träumer, kann sich nicht konzentrieren, nicht bei der Sache bleiben«. »Faulheit« ist dabei ein sehr gängiges Feedback.

Die Schuld wird zunächst beim Kind selbst, im Elternhaus oder bei den Lehrkräften gesucht. Spätestens bei der Entscheidung über die weiterführende Schule ist das Problem endgültig auf dem Tisch.

> »Trotz vieler kleiner Stützen verfestigte sich das Problem. Thema wurde es erst, als die Frage der weiterführenden Schule auftrat. Die Lehrer rieten ab. Ich habe es meinen Eltern zu verdanken, daß ich aufs Gymnasium kam. Zwei Dinge habe ich ihnen zu verdanken: daß ich von der Grundschule nicht in die Sonderschule kam, das stand auch zur Debatte, und das Gymnasium. Was das Lesen und Schreiben betraf, habe ich zunächst Vermeidungsverhalten entwickelt, gar nicht bewußt, die Anstrengung war einfach zu groß und auch lieb gemeinte Unterstützung, schreib doch mal saube-

rer etc., dieser Weg brachte keinen Erfolg, das habe ich sehr schnell gemerkt. Und da weiter Energie hereinzugeben, die hatte ich nicht, weil ich merkte, selbst wenn ich sie noch weiter hineingebe, es bringt nichts. Selbst wo ich es versucht habe, war ich dann extrem erschöpft und merkte dann, es ändert sich nichts.«

Arnes

Daß es zum Lernen vielleicht andere Wege und Zugänge braucht, wird kaum bedacht, außer im negativen Sinn, also im Sinne einer Minderbegabung, einer Störung, einer Schwäche. Hier ist ein Bewußtseinswandel nötig, sonst werden zahlreiche Kinder weiterhin in die Zerstörung gehen. Geraten sie früh in ein negatives Bewertungsschema, wird ihnen das Wichtigste genommen, was sie für ihr Leben brauchen, ihr Selbstwertgefühl. Sie werden auffällig, aggressiv oder gehen in die Resignation und Verweigerung. Sie werden systematisch zerstört. Und sie können sich nicht wehren, sie wissen nicht mal, warum. Ihr Potential geht verloren, ehe es überhaupt entdeckt wird. Sie verlieren die Orientierung und den Sinn des Lebens. »Warum lebe ich überhaupt?« hat mein Sohn mich mal gefragt. Nichts ist zerstörerischer als die unausgesprochene Botschaft: »Du bist ein bißchen dumm.«

Begabungen fallen aus der Norm. Sie brauchen unkonventionelle Helfer, denn sie sind jung, wenn sie mit dem System kollidieren. Als Begleiter sehen zu lernen, daß man unter Legasthenikern zahlreiche Begabungen findet, die es herauszulocken gilt, und daß Legasthenie nicht nur die negativen Aspekte hat, das hilft beiden Seiten ein großes Stück weiter.

Buchstabenkultur

Das Lesen- und Schreibenlernen ist kein einfacher Prozeß. Im Gegensatz zur gesprochenen Sprache ist Lesen und Schreiben nichts Natürliches, sondern eine kulturelle Erfindung. Ich finde es wichtig, sich das zu vergegenwärtigen.

Leseschwierigkeiten werden in Deutschland eher weniger Beachtung geschenkt, aber der Orthographie wurde und wird in Deutschland große Bedeutung zugemessen. Dabei wird ihre Beherrschung, wie wir gesehen haben, häufig noch in Zusammenhang mit Intelligenz gesehen, obwohl neuere Forschungsergebnisse diesen Zusammenhang eindeutig widerlegen. In der Rechtschreibung geht es um die peinlich genaue Beachtung von Normen, die nur teilweise sachlogisch gerechtfertigt sind.

Denkansätze, die das frühe Erlernen des Abc kritisieren, gibt es schon lange. Bereits Konrad Duden warnte, »daß durch nutzlose Gedächtnisbelastungen dem Kinde die Lust am Lernen geraubt werde, und stufte die deutsche Rechtschreibung als regelrecht verdummend ein, da sie Verstand und Gedächtnis in einen dauerhaften gegenseitigen Kampf zwingt«.[36] Er charakterisiert die Rechtschreibung selbst als zu kompliziert und unlogisch. Duden setzte sich bei der ersten preußischen *Orthographischen Konferenz 1876* für eine Vereinfachung der bestehenden Schreibung ein und stellte 1901 auf der ersten deutschen Konferenz ein neues orthographisches Wörterbuch vor, das 1903 erschien (Preußisches Regelbuch). Bis heute hat es nur die zur Zeit wieder umstrittene Reform gegeben, die seit August 1999 in den Schulen gelehrt wird.

Das Lesen und Schreiben, also die Beherrschung der Alphabetsprache, gelten heute noch als wichtigste Wissensübermittler. Der renommierte Mathematiker und Computerwissenschaftler Seymour Papert thematisiert die Frage, ob der Wert von traditionellem Lesen und Schreiben sich in den nächsten zwei Jahrzehnten nicht bereits radikal verändern wird. Durch die neuen Technologien stehen wir am Anfang einer Revolution, die seiner Ansicht nach noch tiefgreifender sein wird als der Umbruch vom Wort zur Schrift, von der mündlichen zur schriftlichen Kultur. Er sagt nicht, daß das geschriebene Wort abgeschafft wird, sondern daß der Um-

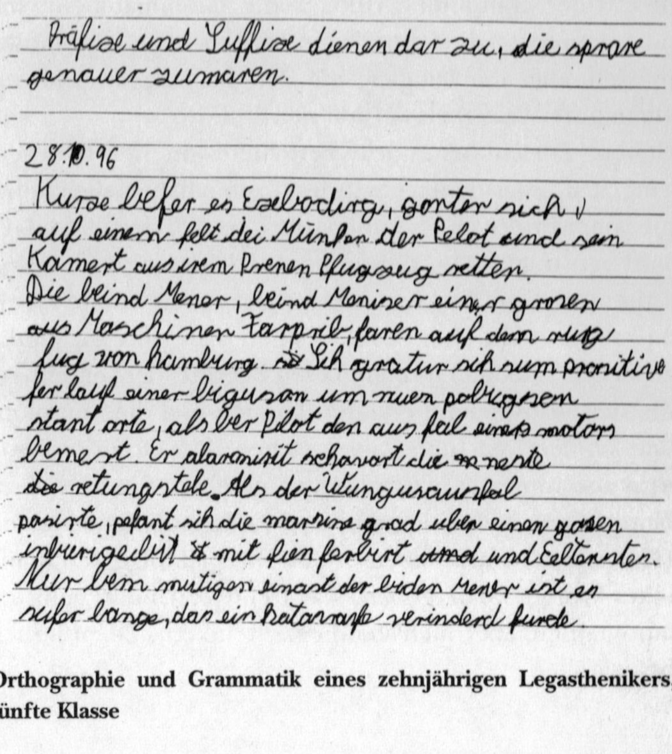
Präfixe und Suffixe dienen dar zu, die sprare genauer zumaren.

28.10.96
Kurze befor es Eselroding, gonter sich auf einem felt dei Münker der Pelot und sein Kamert aus irem brenen flugzeug retten.
Die beind Mener, beind Maniser einer grosen aus Maschinen Farprik, faren auf dem rug fug von hamburg. Sih gratur sih rum pronitive ferlauf einer biguson um ruen polkgsen stant orte, als ber Pilot den aus fal eines motors bemert. Er alarmisit schavort die nerste retungstele. Als der Wungusauzfal pasirte, pefant sih die marsine grad uber einen gosen inbirigeliit mit fien ferbirt und und Eeltenster. Nur bem mutigen sinast der biden Mener ist es zufer bange, das ein katarrafe verinderd furde.

Orthographie und Grammatik eines zehnjährigen Legasthenikers, fünfte Klasse

gang mit Sprache über den Computer ein ganz anderer sein wird, der bereits in der Grundschule zu einem mediengestützten Wissenserwerb führen wird. Lesen bezeichnet ja nicht nur das Lesen eines Wortes, sondern ist ein Mittel des *Erkennens von Welt.* So wird es auch verschiedene Arten von *Lesefähigkeit* geben, wenn Lesen nicht im engeren Sinne, sondern subtiler betrachtet wird, eben nicht nur als *Lesen eines Wortes,* sondern auch als *Lesen von Welt.*

Zukünftiges Lernen wird anders, wenn es in «Zusammenarbeit« mit der »Wissensmaschine«, dem Computer, im Schulalltag realisiert werden wird. Ähnlich wie der Taschenrechner das Rechnen weitgehend übernommen hat, übernimmt der Computer Orthographie, Grammatik etc., was nicht heißt, daß die Grundlagen dazu nicht erlernt werden müssen, aber der Umgang mit den Grundlagen und, vor allem, ihre Wertigkeit werden sich ändern.[37]

Neuere Forschungsansätze berichten von der Beobachtung, daß Legastheniker Schwierigkeiten haben, die Phoneme von Wörtern zu erkennen, die Laute zu decodieren. Es wird von ungleichen Leistungen berichtet, z. B. daß Legastheniker kein Problem haben, eine komplizierte Denkaufgabe zu lösen, aber damit, bestimmte Begriffe auswendig zu lernen, oder daß sie beim Lesen Begriffe nicht erkennen, die sie sonst spielend erklären können und die nun plötzlich sinnleer auf dem Papier stehen. Ein Grundproblem wird also in der Lautverarbeitung gesehen. Ein Kind lernt beim Lesen, daß Buchstaben (Grapheme) Sprachlauten (Phonemen) entsprechen und in ihrer Abfolge den Klang eines Wortes wiedergeben. Nach einiger Übung geht das automatisch, aber nicht bei Legasthenikern. Lesen lernen heißt,

»visuell codierte Informationen in eine sprachliche zu übertragen. Die optischen Zeichen von Lautschriftsystemen wie dem Alphabet, die Grapheme, sind zu decodieren und in die korrespondierenden Phoneme umzuwandeln. (…) Damit einem Kind dies gelingt, muß es sich bewußt werden, daß die Wörter in bestimmter Weise aus Phonemen zusammengesetzt sind. Als nächstes muß es begreifen, daß die Folge der Buchstaben die Abfolge der Sprachlaute wiedergibt. Beides bewältigen Kinder, die normal lesen lernen, ohne allzu große Schwierigkeiten. Anders das legasthenische Kind. Wegen eines Defekts im phonologischen Modul hat es (…) Mühe, die elementaren phonologischen Komponenten eines geschriebenen Wortes zu erfassen. Die Folge der mangelhaften Decodierung ist aber, daß es das Wort auch nicht erkennt.«[38]

Diese Störung einer untergeordneten sprachlichen Funktion blockiert höhere Verarbeitungsebenen, die völlig intakt sind. Das Dilemma ist nun, daß die Identifikation der Wörter die Voraussetzung zum Verstehen eines Textes ist.
Da gibt es beispielsweise den Fall eines Medizinstudenten, Legastheniker, der trotz seiner Problematik in der Schule auf den Zweig für besonders Begabte aufgenommen wurde, der mühelos verwickelte Beziehungen physiologischer Systeme oder komplexe Krankheitsmechanismen begriff, aber Schwierigkeiten hatte, medizinische Fachbegriffe wiederzugeben. Man fragt sich, wie jemand, der schwierige Konzepte leicht erfaßt, sich mit einfachen Details wie Körperteilen und Gewebetypen so schwertun kann? Der Student ist klassischer Legastheniker, der Eltern und Lehrer schockiert, weil er im Lesen und Schreiben versagt.

Wir sind schockiert, das ist normalerweise in der Tat die erste Reaktion. Vielleicht tritt dieses Phänomen gerade wegen seiner Begabung auf. Das könnte sein, wenn man davon ausgeht, wie eine Schulpsychologin geäußert hat, daß es kaum Hochbegabte ohne sogenannte Teilleistungsstörungen gebe.

> »Das Problem ist nicht, daß diese Kinder die Bedeutung von Wörtern nicht begreifen, das beherrschen sie ganz gut. Das Problem liegt wirklich darin, die Brücke zwischen der gesprochenen und der geschriebenen Sprache zu bauen. Denn da sind die meisten Probleme. Es ist auch wissenschaftlich tausendfach bestätigt worden, daß genau da die meisten Probleme verursacht werden. Die Umsetzung von gesprochener in geschriebene Sprache.«
>
> *Karl-Ludwig Herné*

Wenn aus Unwissenheit und Unverständnis nicht erkannt wird, daß nicht das Kind das Problem ist, wird das Kind vom Problem geschluckt. Wird dem Kind nicht konstruktiv geholfen, so hat das enorme Konsequenzen für die ganze schulische Entwicklung. Das ist eine Gratwanderung.

Kreativität und Lernprozeß

Legasthenischen Kindern und Erwachsenen wird ein hohes Maß an Kreativität nachgesagt. Für die, die mir bisher begegnet sind, kann ich das nur bestätigen. Ich habe mir in diesem Zusammenhang zwei Fragen gestellt: Ist in der Schule für Kreativität genügend Raum, und was bedeuten die Begriffe Kreativität und Lernprozeß überhaupt?

Wenn ein Begriff strapaziert ist und heute völlig beliebig gebraucht wird, dann ist es der Begriff *Kreativität,* so kann man in dem gerade erschienenen Essay des Pädagogen Hartmut von Hentig nachlesen.[39] Hentig sieht Kreativität als »ein wichtiges Gegenmittel, ein notwendiges Korrektiv in Gesellschaften, die dazu neigen, alles *durchzurationalisieren,* die die Spontaneität, die Irregularität und damit die Humanität unterdrücken, um den Plan und die Ordnung einzuhalten«.[40]

Kreativität ist im Menschen, sie muß nicht erst hergestellt oder, wie man heute sagen würde, gefördert werden. Man muß sich die Verhinderungen klarmachen und diese vermeiden oder ausräumen. Die machtvollsten Verhinderer sind die unbewußten: Sättigung, Gewißheit, die Folgen des Reichtums und der guten pädagogischen Absicht.

Der ägyptische Architekt und Bildhauer, Professor Ramses Wissa Wassef, entschloß sich Anfang der fünfziger Jahre zu dem Experiment *Harrania*[41]. Er kritisierte das abstrakte Schulsystem heftig und war davon überzeugt, daß dort das kreative Potential, das in jedem Kind angelegt ist, ignoriert wird, und zwar gerade dann, wenn es sich formt. Er gründete eine Webschule, die weltberühmt wurde. Bei internationalen Ausstellungen mit Arbeiten seiner Schülerinnen und Schüler waren die Menschen verblüfft. Ihre Annahme war immer, er hätte nach bestimmten Auswahlkriterien nur die besonders Begabten, Kreativen in die Schule aufgenommen, und fast niemand glaubte, daß jedes Kind unter gewissen Bedingungen, so etwas erschaffen kann.

Wissa Wassef wählte das Weben von Bildteppichen, weil es aus seiner Sicht eine Tätigkeit ist, in der Körper und Seele gleichermaßen beschäftigt sind. Die Kinder wurden nicht

beeinflußt, Kritik und Einmischung von Erwachsenen nicht zugelassen, ebensowenig ästhetische Einflüsse von außen und Vorzeichnungen. Die Ergebnisse sprechen für sich, sein Experiment hat bewiesen, Kreativität ist ursprünglich, wenn ihre Entfaltung nicht verhindert wird, wenn Kinder selbst Erfahrungen machen können.
Frühzeitige Anpassung und Beeinflussung aber läßt das Kind den Kontakt zum eigenen Empfinden verlieren.

> »Für das Kind stellt das Bild den Träger seiner Gefühle, den Reflex seines Seelenlebens dar. Ein Kind drückt sich ebenso natürlich durch Bilder aus wie durch Sprache, die ihm ja nichts anderes als eine Verkettung von Bildern bedeutet ... Damit will ich keineswegs behaupten, das Bild sei lediglich die Darstellung oder photographisch genaue Wiedergabe der Außenwelt, im Gegenteil, ein Bild entsteht doch aufgrund der verschiedenen Empfindungen ...«[42]

Wissa Wassef betont, wie schädlich Kritik im Bereich des Gefühlsausdrucks für das Kind ist, weil es wehrlos ist, und ein Teil seines Selbst durch die Kritik abgelehnt wird. Es verliert seine Ausdrucksfreiheit und paßt sich an.
Wenn man sich mit dem Komplex des Lernens, der Lehre, den Ausbildungssituationen, überhaupt der Erziehungswissenschaft, der Bildung, der Pädagogik befaßt, fällt es schwer, durch viele Theorien hindurch, einfache Fragen zu stellen. Was heißt lernen? Was geschieht mit Kindern in der Schule? Sind die Lehrinhalte und -methoden nicht Ausdruck unserer jeweiligen Kultur? Wie steht es um unsere Kultur?

»Es hat Jahrtausende gedauert, bis die Menschen aus Erfahrung ›Schule‹ gemacht hatten. Es wird lange dauern, große Mühen kosten, vielleicht unmöglich sein, aus Schule wieder ›Erfahrung‹ zu machen. Es wird schwer sein, weil die Schule die Welt wenigstens in einer Hinsicht gründlich geändert hat: Sie hat dem Leben – den Familien, den Straßen, den Betrieben, den Läden, den Feldern und Wäldern – die ›lästigen‹ Kinder abgenommen. Wer heute die Schule verändert, verändert nicht viel; wer sie erweitert, auch nicht; aber wer sie zurücknimmt und vor allem wer sie zum Leben durchlässig macht, der greift buchstäblich die bestehende Ordnung an.«[43]

Hartmut von Hentig

Wenn Lernen also keinen Kontakt zur Wirklichkeit hat, wenn Erziehung und Lehre nur aus Routine und Belehrung bestehen, einer Anhäufung unterschiedlicher Fakten und Programme, dann könnte es ja sein, daß das auf Kosten einer existentiellen Menschlichkeit geht? Wäre es auch möglich, daß Menschen nicht lernen wollen, weil sie immerzu belehrt werden?

»In unserer notwendig geplanten Welt sind kreative Leute nur in den dafür eingeräumten Laboratorien, den ›Als-ob-Wirklichkeiten‹ zugelassen, nicht im Alltag. Am liebsten würde man eine geeignete, nämlich ökonomisch wünschenswerte oder erträgliche Innovationsquote ermitteln und anordnen: eingeplante Kreativität; oder eine Kreativitäts-Disposition anlegen, die (nur) aktiviert wird, wenn man sie braucht … Kreatives Denken ist in erster Linie befreites Denken –

nicht gehemmt von Furcht und Routine oder perfektem Vorbild – es ist kein anderes Denken. Die Spontaneität, die in solchem Befreitsein zur Geltung kommt, kann man nicht ›veranstalten‹, methodisieren, einüben – das widerspricht ihrem Wesen ...«[44]

Hartmut von Hentig

Kreativität und Lernprozeß, es ist sicher höchste Zeit, diese Begriffe neu zu denken.

Schule und Begabung

Der Begriff *Begabung* ist genauso schwer zu fassen wie der Begriff *Kreativität.* Begabte und hochbegabte Kinder haben häufig Probleme in der Schule, kollidieren mit der Norm. Begabungen zeigen sich, entgegen allen Erwartungen, eben nicht unbedingt in Form von guten Noten. Das Gegenteil ist oft der Fall. Noten sind alles andere als ein verläßlicher Spiegel für Begabungen. Probleme beginnen bereits in der Familie, wo diese Kinder mit ihrer Neugierde, ihrer unkonventionellen Weltsicht, dem Experimentieren, den unzähligen Fragen und mit ihrer ausdauernden Intensität Eltern und Geschwistern auf die Nerven gehen.
»Diese Kinder haben über eine rasche Auffassungsgabe hinaus eine unersättliche Wißbegierde, ein glänzendes Gedächtnis, einen reichen Wortschatz und eine sehr große Vorliebe für Atlanten und Enzyklopädien.«[45]
Wenn die bekannten Vorurteile nicht aufgebrochen werden und der Stigmatisierung kein Ende gesetzt wird, sehe ich kaum Chancen, daß Legasthenikerinnen und Legastheniker eine faire und ihren Begabungen angemessene Behandlung und Bewertung erfahren. Und sie sind in der

Regel begabt bis *blitzgescheit* und alles andere als dumm. Aber Vorurteile sind hartnäckig. Legasthenie wird allgemein oft sogar noch mit der Vorstellung in Verbindung gebracht, daß sie mit so etwas wie einem Hirndefekt zusammenhängt, daß es eine Krankheit ist oder die Leute zu einem Psychiater gehören.
Auch wenn der Begriff Lese-Rechtschreib-Schwäche (LRS) statt Legasthenie verwendet und so der *Krankheitsaspekt* etwas zurückgedrängt wird, das Vorurteil der Dummheit wurde dadurch aber aus meiner Erfahrung nicht verdrängt oder gar ausgeräumt. Dummheit, mangelnde Intelligenz und dergleichen werden auch heute noch mit diesem neuen Begriff assoziiert, eine unvoreingenommene Behandlung Betroffener im Alltag ist die Ausnahme. Die bloße Übersetzung eines Begriffs ins Deutsche alleine reicht nicht.
Die Aufhebung der Stigmatisierung ist zwar eine wichtige Voraussetzung, reicht aber nicht aus, solange kein Umdenken stattfindet. Das wird deutlich beim Begriff *Hochbegabung*. Dieser Begriff hat naturgemäß ein sehr viel positiveres Image. Und trotzdem, auch hochbegabte Kinder werden auffällig, weil sie in der Regel nicht Erwartungen an einen *guten* Schüler, und schon gar nicht an einen besonders begabten, entsprechen. Im Gegenteil, auch sie werden zu Problemfällen, fallen durch das Wertungsraster und erfahren enormes Leid.
Die Auffälligkeiten, die hochbegabte Kinder im Alltag zeigen können, sind vielfach denen von legasthenischen Kindern ähnlich. Bei den meisten von ihnen werden auch *Teilleistungsstörungen* festgestellt, sie haben oft auch Schwierigkeiten im Lesen oder Schreiben! Für mich ist das ein Indiz dafür, daß die Ursachen, die zu solchen Problemen führen,

bei Hochbegabten und Legasthenikern durchaus die gleichen sein können.
Wie dem auch sei, Begabung zu erkennen und zuzulassen sollte eines der wichtigsten Ziele unseres Erziehungssystems sein.

Die Wirklichkeit ist eine andere. Mit dem Beginn der Schullaufbahn kann eine Familie mit *teilleistungsgestörten* Kindern harten Bewährungsproben ausgesetzt werden. Der Frieden ist vorbei.

> »Schule stellt die größte gesellschaftliche Veranstaltung unserer Kultur dar. Sie beansprucht die lernfähigsten und vitalsten Jahre im Leben eines Menschen ... sie frißt nicht die Kinder, wohl aber die Kindheit und Jugend. Sie entläßt die jungen Menschen kenntnisreich, aber erfahrungsarm, erwartungsvoll, aber orientierungslos, ungebunden, aber auch unselbständig ...«[46]

Es scheint so zu sein, sie ist in der Krise. Das ist nicht neu. Schaut man in die Schriften der Dichter, Philosophen, Künstler, Wissenschaftler, man findet eine Menge Klagen über Schule und Erziehung: Bei Schopenhauer, Kafka, Fontane, bei Rilke, Hermann Hesse, Albert Einstein, C. G. Jung, um einige zu nennen. Auch wenn sie mit Humor vorgetragen werden: Samy Molcho hat dazu eine amüsante Anekdote erzählt: Er habe in der Schule beim *Vorlesen* der Hausaufgaben nie ein Problem gehabt, im Gegenteil, er beherrschte das perfekt. Erst als ein Lehrer ihm eine gute Note ins Heft schreiben wollte, bekam er ein Problem: Die Seite war leer.
Für begabte Frauen ist es besonders schwer. Schicksale wie die von Camille Claudel, Virginia Woolf, Ingeborg Bach-

mann und vielen anderen Frauen sprechen für sich. In der Broschüre der Initiative für hochbegabte Kinder kann man nachlesen, daß begabte, talentierte Mädchen die am meisten unterdrückte Gruppe in fast allen Gesellschaften auf diesem Planeten sind.

Schule kann keine Lösungen anbieten, sie ist mit sich selbst überfordert, hat zu viele Vorschriften und wird sich nicht von heute auf morgen wandeln, das scheint unmöglich. Für die Begleiter ist es unumgänglich, Erwartungshaltungen aufzugeben. Es bleibt ihnen keine Wahl, als aus der Defensive herauszukommen, selbst in die Verantwortung zu gehen und nicht alles widerspruchslos hinzunehmen. Sie können sich in Zusammenarbeit mit Betroffenen, mit Fachleuten und Initiativen für eine Sensibilisierung einsetzen und aufklären, sich gemeinsam engagieren für andere Bewertungskonzepte und Wege, um im Schulalltag Verständnis zu wekken und Vorurteile abzubauen. Das Herz der Erzieher, ob Eltern oder Lehrer, menschliche Wärme und Aufgeschlossenheit sind wesentliche Elemente, Zerstörung von Begabungen zu verhindern.

Und immer die bösen Lehrer

Lehrerinnen und Lehrer sind keine abstrakten Persönlichkeiten. Man ist schnell geneigt, ihnen die Schuld zuzuschieben, das wäre falsch. Sie sind selbst nur Räder im Getriebe eines Bildungssystems, das allzu oft Probleme nach unten weiterreicht, sie sind abhängig von höheren Instanzen und an deren Richtlinien gebunden. Allein die Klassenstärken verhindern bereits einen individuellen Umgang mit Schülern. Sicher gibt es auch einzelne Lehrer, die grobe Fehler machen, aber das gibt es in allen Berufen.

Beide Seiten, Eltern wie Lehrer, sollten an einem Strang ziehen. Das ist bei dem heutigen Leistungs- und Zeitdruck, dem wir ausgesetzt sind, gar nicht so einfach. Viele Menschen sind überlastet und haben keine Zeit. Sie können ihren Alltag gerade eben noch bewältigen, wenn nichts dazwischenkommt, wenn alles *funktioniert.*

Wenn keiner Zeit hat, den anderen nicht nur *formal anzuhören,* sondern ihm auch *zuzuhören,* kann der eine über den anderen wenig erfahren. Das betrifft alle Seiten, Eltern und Kinder, Kinder und Lehrer sowie Eltern und Lehrer. Nicht zu vergessen, die vielen Alleinerziehenden, meistens Mütter, die, wenn was schiefgeht, zuallererst die Schuld zugewiesen bekommen, ebenso berufstätige, verheiratete Mütter.

Bei vielen Gesprächen mit Eltern und Lehrern ist mir klargeworden, wie vielschichtig und kompliziert die Wahrnehmungsmöglichkeiten zwischen Schülern, Eltern und Lehrern sind, insbesondere, wenn wir als Begleiter eben ein sogenanntes Problemkind haben, ein Kind, das aus der Norm herausfällt.

Wie gefangen und überfordert Lehrer in unserem Schulsystem aber auch sein mögen, sie sitzen, was die individuelle Bewertung der Kinder betrifft, natürlich am längeren Hebel. Die Zwänge des Systems bewirken zweierlei: Überforderung und Abhängigkeit, aber auch die Unantastbarkeit der Lehrer. Sie können die Methode anwenden, die sie für richtig halten, und es gibt keine Kontrolle von außen.

Das macht eine Kooperation aus meiner Erfahrung heraus oft schwierig. Nur wenn der Wille auf beiden Seiten da ist, gibt es eine Chance.

Ohne Lehrerfortbildung wird es kein Verstehen und Ver-

ständnis um andere Wahrnehmungsweisen und Lernstile geben. Die Aachener Beratungsstelle bietet Lehrerfortbildungen schon seit 1989 an, offizielle, die vom Regierungspräsidenten getragen werden, und Fortbildung nach Bedarf, die von Lehrern selbst bezahlt werden müssen. Und es gibt in der Tat Lehrerinnen und Lehrer, die ihre Freizeit, Wochenenden oder Ferien investieren und Fortbildung aus der eigenen Tasche bezahlen!
Was die LRS-Problematik betrifft, kann sicher nicht erwartet werden, daß ein Lehrer, der an einer zweitägigen Fortbildung teilgenommen hat, damit in der Lage ist, die Arbeit von Spezialisten in Legasthenieinstituten oder Beratungsstellen zu ersetzen. Das ist auch nicht notwendig, aber wir können erreichen, daß Lehrer zumindest für das Problem sensibilisiert werden, daß sie erkennen können, welche Probleme LRS-Kinder haben und wo die Ursachen dieser Sekundär-Symptome zu suchen sind. Nur so kann langfristig das Vorurteil aus der Welt geschafft werden, Legastheniker seien dumm und faul, nur so kann dieser Abstempelung endlich ein Ende gesetzt werden.

Auch wir als Begleiter müssen erst lernen, damit umzugehen. Wir werden genauso überrascht von solchen Phänomenen und sind nicht darauf vorbereitet. Wir rechnen nicht mit Komplikationen wie diesen, und mit der Schulkrise haben wir uns vielleicht auch nur an der Oberfläche auseinandergesetzt. Wir glauben, die Lehrer werden es schon richtig machen, und sie werden unsere Kinder nach ihren Maßstäben richtig beurteilen können, es ist schließlich ihr Job. Diesen Glauben müssen wir aufgeben, um nicht einen langen Leidensweg zu durchlaufen und um unsere Kinder vor der Zerstörung zu schützen.

Hätten wir uns rechtzeitig darüber informiert, welche Schulen aufgeschlossene und unkonventionelle Lehrer haben, wäre uns viel Leid und Ärger erspart geblieben, denken wir vielleicht hinterher. Ob es solche Schulen überhaupt gibt, weiß keiner. Wir können das von außen kaum beurteilen, und nicht wir, sondern unsere Kinder gehen in die Schule. Was wir für richtig halten, empfinden sie möglicherweise ganz anders. Das System des Schulalltags von innen und außen verstehen zu lernen braucht Zeit.

In Maxis Fall lief die Zeit gegen uns, das wird in anderen Fällen ähnlich sein. Wir müssen unsere Erwartungshaltungen aufgeben, mit unseren Gefühlen fertig werden, denn auch wir leiden mit, auch wir werden diskriminiert, auch wir werden gewertet und etikettiert, wenn wir ein *unbequemes* Kind auf die Welt gebracht haben.

7
Erfahrungen

> Wie war es möglich gewesen, daß so viele um mich herum schon immer gewußt hatten, wie Petunien aussehen, nur ich nicht? Was stimmte nicht mit mir?
>
> *Seymour Papert*

Seit ich mit dem Phänomen Legasthenie in Berührung gekommen bin, habe ich das Gespräch mit Legasthenikerinnen und Legasthenikern gesucht. In Einzel- und Gruppengesprächen und in Interviews habe ich ihnen unzählige Fragen gestellt. Sie haben mir ihr Vertrauen geschenkt. Das ist nicht selbstverständlich. Durch unser Projekt *The sense of the Senses* habe ich eine Gruppe von Legasthenikern (Jugendliche und Erwachsene) zusammengebracht. Daraus hat sich eine für alle Beteiligten sehr offene und fruchtbare Zusammenarbeit entwickelt. Die Kinder hatten keine Scheu, vor der Kamera zu sprechen und hinter ihren Aussagen in diesem Buch zu stehen. Manche haben sich sogar bei ihren Eltern bedankt, daß sie mitmachen durften! Sie gingen gestärkt aus dieser Erfahrung und den Begegnungen untereinander hervor.
Ich habe Arnes gefragt, ob er vorher schon Kontakt zu Legasthenikern gesucht habe.

> »Nein, das hat sich immer nur zufällig ergeben, und ich hab auch festgestellt, daß ein leichteres Verstehen untereinander möglich ist, aber bewußt habe ich diese Kontakte nicht gesucht. Ich hätte von mir aus jetzt auch nicht das Bedürfnis. Weil, ich brauche die Ener-

gie, um Strategien zu finden und mich durchzumanövrieren und irgendwann einen Beruf zu finden, der mir trotz der Leistungsmankos genügend Freiheit gibt, hochqualifiziert zu arbeiten und auf der anderen Seite genügend Freiraum zu haben, daß ich da nachlernen kann, oder genügend Zeit, daß ich diese basalen Mankos ausgleichen kann. In welcher Form das sein wird, weiß ich nicht. Mit hochqualifiziert meine ich, meinem Wissen angemessen. Wenn ich das dann gemeistert habe, bin ich bestimmt nicht daran interessiert, damit noch mal konfrontiert zu sein und mich damit auseinanderzusetzen. Ich werde genug Energie dazu verwenden müssen, so eine Position erst mal zu bekommen und sie dann auch zu halten, da bin ich dann nicht frei genug. Und den Weg, es richtig zu machen, da sehe ich keine Chance, ich kann es nicht richtig machen.
Du hast mich ja in einer Zeit erwischt, wo es quasi akut war, weißt du, ob ich morgen noch darüber rede? Wenn ich mich um andere Dinge kümmern kann und ich so leben kann, daß ich in keiner Problemlage diesbezüglich bin, weiß ich nicht, ob ich dann noch darüber rede. Auf der anderen Seite kann es auch gut sein, es nicht ständig verbergen zu müssen. Immer dieser Konflikt, z. B. jetzt mit meinen Prüfern, die Frage, involviere ich sie oder lasse ich die Legasthenie ganz außer acht. Sie kann immer als Erschleichung besserer Positionen ausgelegt werden.«

Arnes

Dieses Kapitel besteht hauptsächlich aus Interviews, die ich gemacht habe. Es war mir wichtig, sie weitgehend im Original zu belassen, um sie nicht durch meine Interpretationen,

durch meine subjektive Wahrnehmung zu verfälschen. Es handelt sich um Berichte von Kindern, Jugendlichen, Erwachsenen und Müttern, die mit dem Begriff *Teilleistungsstörungen* konfrontiert sind (von LRS bis Hochbegabung), sowie von Lehrerinnen und Lehrern aus verschiedenen Schulformen.
Ich habe mich bemüht zuzuhören. Bei den Kindern und Jugendlichen war es mir vor allem wichtig, das zu erfassen, was sie zwischen den Zeilen sagen. Ich habe feststellen können, daß sie zum Teil ähnliche Erfahrungen machen wie zum Beispiel Christina, Friederike, Mira und Maxi, die oft in der Schule das Gefühl haben, die anderen verstehen nicht, was sie sagen oder wie sie denken. Oder wenn ihr Versagen im Schreiben und Lesen vor der ganzen Klasse *vorgeführt* wird, was Mira, Maxi und Vincent und auch Christina erlebt haben. Auch begleitet sie alle der Vorwurf, zu träumen und sich schlecht konzentrieren zu können. Mira, Maxi und Sebastian sagen zunächst, daß ihnen ihre schlechte Schrift »egal« war, relativieren dieses »egal« aber gleich wieder. Wieviel Lehrer bewirken können, wenn sie sensibel mit dieser Problematik umgehen, zeigt Christinas Bericht. Daß sie Stärken haben und ein sehr ausgeprägtes Vorstellungsvermögen, ist bei allen nachzulesen. Christina drückt das sehr schön in einem kurzen Satz aus: »Ich liebe Atlanten.« Deutlich wird auch, daß der Leistungsdruck, unter dem alle leiden, nicht zu einem effektiven Lernen führt. Kinder und Jugendliche wollen eine andere Schule, und das betrifft nicht nur Legastheniker.

Die Gespräche mit allen Betroffenen haben mich sehr bewegt, ich habe viel von ihnen gelernt und Einsichten in ihren Alltag gewonnen. Es waren mehr als nur übliche

Interviews, es waren wirkliche Begegnungen, die alle Beteiligten verändert haben, voller Offenheit und Vertrauen. Es ist mir sehr wichtig, das zu achten. Besonders mitgenommen hat mich das lange Gespräch mit Barbara Glock-Steiff zum Thema Hochbegabung und LRS. Mir war bis dahin nicht bewußt, daß hochbegabte Kinder einem so zerstörerischen Mobbing ausgesetzt sein können, wie es bei ihrer Tochter Friederike der Fall war. Daß auch bei Hochbegabten sehr oft *Teilleistungsstörungen* hinzukommen, mit allen Konsequenzen, wie in diesem Buch für Legastheniker beschrieben, war neu für mich. Ich wußte damals noch nicht, daß auch mein Sohn an Hochbegabung »litt«.

Christina, zwölfte Klasse, Gymnasium

»Ich bin die ersten fünf Jahre in Den Haag auf die Deutsche Schule gegangen. Die Legasthenie trat schon in den ersten beiden Klassen auf. Aber das wurde nicht gesehen, mir wurde gesagt, du kommst nicht klar mit den vielen Sprachen. Meine Mutter ist Amerikanerin, ich bin mehrsprachig aufgewachsen. Da die Schule mir nicht helfen konnte, hat sie die Noten in Deutsch und Rechtschreibung ausgesetzt, einen Schriftsatz mit Kommentar unter das Zeugnis geschrieben, Christina ist schlechter als Sechs und so. Diktate habe ich so geschrieben wie ich gehört habe, da waren andauernd Fehler. Ich bin damals oft nach Hause gekommen und habe geweint, ich wollte nicht mehr in die Schule gehen. Meine Freundinnen haben gesagt: Warum kannst du das nicht, wir können das doch auch!
Noten und Zeugnisse waren das Schlimmste für mich. Ich konnte nicht lesen. Ich habe mir die Texte von meiner Mutter vorlesen lassen und konnte sie danach auswendig. Wenn

ich aber in der Schule einen Text vorlesen sollte, den ich noch nicht kannte, noch nicht *gelesen* hatte, konnte ich das nicht, und alle anderen haben das mitgekriegt. Ich habe darunter sehr gelitten.

Am Ende der Grundschulzeit sind wir zu Edith-Maria Soremba gefahren, dort bin ich getestet worden, und es wurde Legasthenie festgestellt. Ich wußte gar nicht, was das ist, irgendwie, daß eine Gehirnhälfte schneller als die andere denkt und dadurch Vertauschungen der Buchstaben passieren. Man war *anders*. Zu wissen, warum man anders ist, hilft einem auch nicht. Man *will* das *anders* weghaben. Wir sind deshalb nach Deutschland gezogen. Ich war in einem Legasthenieinstitut, das hat mir geholfen. Dort habe ich auch Lesen gelernt. Seit der sechsten Klasse bin ich hier in einem Gymnasium. Der Direktor des Gymnasiums hatte Verständnis, weil er selbst eine legasthenische Tochter hatte.
Bis auf die erste Deutschlehrerin ging es mit den Lehrern gut. Sie hat nicht geglaubt, daß es Legasthenie gibt: Ich solle mehr lernen, sei unkonzentriert usw. Diktate waren Sechs, Aufsätze Fünf usw. Was die Legasthenie betrifft, hat die Schule mir nicht helfen können. In der Rechtschreibung mache ich immer noch sehr viele Fehler. Rechtschreibregeln und Grammatik kann ich immer noch nicht richtig. Seit der zwölften Klasse darf ich Klausuren ohne Rechtschreibbewertung schreiben. Ich bin zum Direktor gegangen und habe ihn auch darum gebeten, daß ich mit Bleistift schreiben darf und radieren kann.

Ich kann jetzt wenigstens drauflos schreiben und das schreiben, was ich denke. Ich muß nicht mehr x-mal über den Text lesen und mich damit befassen, ob das Wort nun rich-

tig oder falsch geschrieben ist. Das hat viel Zeit gekostet. Jetzt kann ich überlegen, *was* ich schreibe, und nicht, *wie ein Wort geschrieben wird.*
Ich gehe nicht mit Leichtigkeit in die Schule, man muß sich ja melden und mitarbeiten. In bestimmten Fächern verhaspele ich mich, wenn ich was sagen will oder ich werde rot oder ich habe Angst mich zu melden, weil ich was *Falsches* sagen könnte. Meine Eltern haben immer zu mir gesagt, du kannst das!
Meine Klassenlehrerin von der sechsten bis achten Klasse (Englisch) und meine jetzige Vertrauenslehrerin (früher Französisch), die haben mich aufgebaut, gesagt: Du kannst das, mußt dich nur trauen! Ich spreche ja zu Hause auch Englisch, aber in der Schule gingen ganz einfache Übungen nicht, da hatte ich Blackouts. Für ›Sonnenaufgang‹ habe ich ›sunset‹ gesagt. Die Englischlehrerin hat mir Zeit gegeben, sie wußte, ich kann es. Französisch war schwierig, ich kann die Sprache nicht, habe sie nur auswendig gelernt. Meine Vertrauenslehrerin sieht aber auch meine Qualitäten, ich kann mich mit ihr auseinandersetzen, sie wertet nicht meine Person: Das kannst du nicht und so ... Diese Lehrer hatten kein Mitleid, sondern Vertrauen zu mir. Das waren richtig gute Erfahrungen, generell, sie haben mir auch geholfen, daß ich mich mehr melde usw., mich aufgebaut.

Ohne Leistungsdruck lernen, da käme mehr bei raus, weniger nach Lehrplan, mal was extra, nicht so stures Lernen, Praxis. In Bio und Chemie machen wir das manchmal. Naturwissenschaften sind meine Stärke.
Schlimm waren Fächer wie Religion, Geschichte, Ethik oder Philosophie, wo man eigentlich frei reden und eigene Ansichten haben kann. Zum Beispiel in Ethik habe ich *meine*

Sichtweise über die Texte gesagt, aber irgendwie hat das nie jemand verstanden, was ich darüber gedacht habe. Die, die mich nicht näher kennen, sagen dann: Die spinnt doch eh, wie die denkt, ist verrückt, wenn ich mit meiner Sichtweise komme. Das sagen sie öfter: Hört ihr nicht zu! Ich habe es einfach aufgegeben. Das war sehr frustrierend. Wenn wir Texte interpretieren müssen, überleg ich immer, was würde ich sagen, wenn sie mich jetzt drannehmen. Wenn dann jemand anderes drangenommen wird, der sagt was total anderes, als ich gesagt hätte. Wenn ich später in der Pause *meine* Sichtweise erklären will, hören selbst meine Freundinnen nicht mehr zu, weil sie nicht verstehen, was ich ihnen sagen will. Ich denke immer noch weiter nach der Stunde. Sie sagen zu mir: Hör auf, das ist doch nur Stoff!

Ich habe jetzt zwei, drei Freundinnen, die haben einfach gelernt, daß ich anders denke, ich kann ihnen aber auch nicht erklären, was ich meine, und nach einer Weile hören sie nicht mehr zu, weil es ihnen egal ist. Das finde ich total frustrierend, wenn das gute Freunde sind. Ich will *ihre* Meinung hören und ihnen *meine* sagen, es macht ja nichts, daß die unterschiedlich sind. Eine Freundin hat neulich zu mir gesagt: ›Ist schon okay, halt die Klappe‹, das hat mir weh getan. Wir können dann gar nicht diskutieren. Ich kann ja verstehen, daß das auch für sie frustrierend ist, wenn sie mich nicht verstehen. Mit Älteren geht das irgendwie einfacher. Ich habe eine Freundin, mit der bin ich aufgewachsen, sie ist 21 Jahre alt und studiert, mit ihr habe ich keine Probleme. Vielleicht hat sie mehr Geduld. Sie hört mir zu. Und eine andere, die hat eine Klasse übersprungen, mit ihr verstehe ich mich auch gut. Ich habe einen ganz anderen Blickwinkel, an Dinge heranzugehen beim Denken. Das geht mir auch in Mathe so. Ich finde schnell einen Lösungsweg, aber er ist anders. Es ist mir dann unangenehm, das vor der ganzen Klasse erklären zu müssen, wieso ich das anders gemacht habe, das ist nicht mein Ding. Irgendwie denke ich komplexer, ich gehe tiefer in die Materie. Ich will mehr wissen. Ich lese viel in Lexika und ich liebe Atlanten. Einmal in Erdkunde bin ich vor der ganzen Klasse gelobt worden, da war ich richtig stolz. Da ging es um Ost-West-Passagen und -winde. Ich konnte mir das genau vorstellen, in welche Richtung die Winde gehen und sofort die Frage des Lehrers beantworten.

Ich habe aber oft Angst, meine Meinung zu sagen vor Fremden oder vor der Klasse, weil sie dann sagen: Es ist verrückt, wie du denkst, dann ziehe ich mich zurück.
Neulich hatten wir ein Treffen mit allen aus unserem alten Erdkundekurs. Da war ein Legastheniker, mit dem konnte ich mich total gut unterhalten, über Geschichte, die Nazizeit usw. Wir haben uns eine Stunde richtig auseinandergesetzt, ohne in eine Sackgasse zu kommen, uns gegenseitig zugehört und unsere Sichtweisen erklären können, obwohl wir unterschiedliche Meinungen hatten. Mit jemand anderem wäre das nicht gegangen.«

Mira, achte Klasse, Gymnasium

»Den Kindergarten habe ich schon gehaßt, Grundschule war für mich so Nebensache eigentlich. Wir hatten keine guten Lehrer, keine richtigen Pädagogen, die sollten nicht auf der Grundschule unterrichten. In der Grundschule hatte ich so eine Lehrerin, die hat die Hefte kontrolliert und Häkchen gemacht. Bei mir hat sie immer alles angestrichen, es allen gezeigt, gesagt, das gibt's doch nicht! Sie meinte meine Rechtschreibung. In dem Moment hat mir das was

ausgemacht, dann habe ich versucht, daß es mir egal ist, ich war ja nur vormittags in der Schule. Ich bin sehr schlecht in der Rechtschreibung, bis zur sechsten, siebten Klasse hatte ich echt die Sauklaue, und ich spreche sehr, sehr schnell. Viele haben gesagt oder gedacht, ich sei dumm. Ich habe nie eine Antwort gekriegt, was Legasthenie ist, auch nicht, nachdem ich getestet worden bin. Aber der IQ-Test war überm Durchschnitt, das fand ich gut. Es stimmte also nicht, was andere sagten, ich sei dumm. Ich mag Sport, ich kann gut logisch denken und gut mit Tieren umgehen. Mich interessieren die Geschichten von anderen Ländern.
Die erste Zeit auf dem Gymnasium war wechselhaft, mal ganz gut, mal schlecht. Jetzt finde ich Schule an sich o. k., nur die Noten ... Am schlimmsten finde ich den Leistungsdruck, weil ich nicht so gut bin. Ich habe aber auch keinen Bock, sitzenzubleiben. Ich habe Schwierigkeiten in Mathe, Englisch und Französisch. Daß die Lehrer das nicht verstehen, daß sie immer erwarten, daß man so gut ist: Ich muß mehr lernen, ich konzentriere mich nicht und blablabla. Sie sagen zwar, daß ich ein gutes Klima in die Klasse bringe, und ich soll mich mehr anstrengen, daß ich nicht sitzenbleibe.
Ich fühle mich oft unverstanden, wenn ich was erkläre, dann verstehen die anderen mich nicht, und ich frage mich, warum kapiert das keiner? Dann kommt: Was? Was will die eigentlich? Manchmal denke ich, irgendwie ist das zu hoch für die ... Wenn ich in Deutsch eine Hausaufgabe vorlesen muß, sagt meine Lehrerin immer von vornherein: ›Laut und deutlich und langsam lesen!‹ Das nervt ..., dann hat sie mal gesagt: ›Wenn du jetzt nicht aufhörst, so schnell zu lesen, dann stelle ich dich draußen vor die Klasse, dann mußt du von da alles vorlesen, dann können dich vielleicht mal alle verstehen.‹ Die Schüler stellen sich auch wie taub,

machen sich lustig, sagen nach jedem zweiten Wort: ›Was?‹ So unverständlich kann das gar nicht sein. Ich fühle mich dann angenervt, denn die wollen ja nur die Stunde totschlagen, sagen dann, sie kann ja mal nach vorne gehen und da vorlesen, mich nervt, daß sie das aus Absicht machen …

Ich fände es gut, wenn der Unterricht nicht nur nach Plan geht, sondern ein bißchen abwegig wäre. Es gibt zu feste Regeln, das muß immer durchgezogen werden. Es würde mehr Spaß machen, was Freies zu machen, wo man auch freiwillig Noten bekommt. Alles hängt sehr von den Lehrern ab, ob sie einen mögen. Wenn man sich nicht meldet, denken sie gleich, wir wollen sie ärgern oder wir sind dumm. Oder es kommen Sprüche wie: ›Ich will wissen, wer dich erzogen hat …‹ Ich bin zum Beispiel gut in Sport, und wenn einer sagt, ich sei nicht so begabt wie andere in der Klasse, und ich bekomme eine Drei statt einer verdienten Zwei, dann finde ich das blöd. Oder manche reden mit einem wie mit Drittkläßlern.«

Maxi, siebte Klasse, Gymnasium

»Die Lehrer wollen, daß ich mehr Leistung bringe, lernen heißt pauken, den ganzen Tag vor so einem dummen Buch sitzen … Ich hab mich auf die Schule gefreut, aber es hat mir schon in der ersten Klasse nicht gefallen, die wollten immer irgend etwas von mir. Kindergarten mochte ich auch nicht.

Mich hat gestört, wenn meine Hefte vor der Klasse hochgehalten wurden und den anderen gesagt wurde: ›So sollt ihr es nicht machen‹, wegen der Schrift und so. Das hat mich gekränkt, und ich hatte eine Wut. Jetzt ist es mir egal. Ich lasse mich nicht mehr kränken, ich habe mir angewöhnt, nicht mehr zuzuhören, dann fühlen sich die Lehrer angegriffen und irgendwie sinnlos und rasten aus. Wenn man gekränkt wird, darf man nicht zuhören.

Als mir gesagt wurde, ich sei Legastheniker, habe ich einen Ausraster gekriegt, ich wußte nicht, was das ist, dachte, das ist 'ne Krankheit. Es gab immer Kinder, die noch schlechter geschrieben haben als ich. Meine Schrift war mir schon egal, nicht völlig ... mich hat's nicht interessiert. Meine Schrift ist jetzt okay.
Ich war immer gut in technischen Sachen und auch am Computer, Politik und Geschichte interessieren mich, ich kann Zusammenhänge schnell kapieren. Ich fahre gern Inlines, ich mag Sport.

Oft fühle ich mich unverstanden, wenn ich etwas erkläre, dann wird bei mir gesagt, das ist falsch, ein anderer sagt das gleiche, und das ist dann richtig. Ich versteh das nicht. Ich finde, man sollte mehr Freiraum haben in der Schule und mehr freiwillig wählen können, schon vor der Oberstufe. Es sollte auch andere Fächer geben wie Design und tiefergehendere Auseinandersetzung mit dem Stoff. Es sollte nicht so langweilig sein, nicht immer nach Plan.
Schade finde ich, daß Lehrer so oft denken, wir seien blöd, ich soll auf die Realschule gehen, wenn ich 'ne Frage nicht beantworten kann. Die Lehrer fühlen sich angegriffen, gekränkt, wenn man was nicht weiß, die wollen aus jedem 'nen Streber machen. Es kommt auf die Persönlichkeit des Lehrers an, wenn man als Schüler ein Schwächling ist oder sehr empfindlich, ist man verloren ... Man muß sich wehren lernen. Ich finde, es sollte neue Schulen geben, verschiedene

Schulen mit mehr Auswahl, mehr Spaß, andere Inhalte, nicht so feste Regeln, die immer durchgezogen werden müssen. Das sollte geändert werden.«

Sebastian, zehnte Klasse, Realschule

»Also früher auf der Grundschule habe ich einfach nicht gelesen, das Lesen hat mir zu wenig Informationen gegeben, weil ich die Sätze nicht richtig verstanden habe. Deswegen war das Lesen für mich langweilig, und ich hatte auch kein Interesse daran.
Ich habe so geschrieben, wie ich gehört habe. Ich bin sehr schlecht in der Rechtschreibung, wenn mir einer eine Regel erklärt, kann ich sie noch lange nicht umsetzen, anwenden. Wenn ich etwas übe, zum Beispiel früher bei Diktaten, einen Satz x-mal neu schreibe, schaltet mein Gehirn einfach ab. Ob es da effektivere Lernmethoden gibt, weiß ich nicht. Mich stört das nicht, daß ich so viele Fehler beim Schreiben mache – *eigentlich* nicht. Ich bin eben in anderen Fächern besser: zum Beispiel in Naturwissenschaften, Erdkunde, da kann ich das ausgleichen. Getestet wurde ich durch die Initiative meiner Mutter, das war Ende der vierten Klasse. Damals wußte ich nicht, was Legasthenie ist. Ich wollte nicht gern Legastheniker genannt werden, irgendwie hat es was Diskriminierendes. Ich mußte es aber hinnehmen, wenn man das viele Fehlermachen so bezeichnet.

Das Träumen wird mir auch vorgeworfen. Manchmal ist es auch eine Ausflucht aus dem langweiligen Unterricht. Die Lehrer empfinden das natürlich als Beleidigung, wenn man ihren Unterricht nicht mitverfolgt. Ich bin seit der sechsten Klasse in einem Institut, das Legastheniker betreut, das bringt schon was, ich kann die Regeln besser verstehen, sie werden mir dort besser erklärt, die Legasthenie bleibt. Nach der Grundschule hatte ich eine Lehrerin, die hat gesagt, alles hätte nur mit meiner Faulheit zu tun, ich könnte mich nicht konzentrieren. Am meisten hat mich beleidigt, daß sie mich als Träumer abgestempelt hat. Großen Widerstand habe ich nie geleistet, ich hab nur gesagt, das stimmt nicht. Als Lehrerin war sie vielleicht o. k., aber wir kamen nicht miteinander zurecht. In der sechsten Klasse wollte sie mich loswerden, das war mein Gefühl, ich bin dann sitzengeblieben. Diese Lehrerin hat wahrscheinlich geglaubt, ich sei dumm, ich sei zu blöd, richtig zu schreiben. Das war schwierig. Wenn ich mal wenig Fehler machte in Deutsch, hat sie gesagt: ›Du kannst es ja, wenn du dich konzentrierst ...‹ Inhaltlich konnte ich die Texte erfassen. Lesen habe ich ignoriert. Es gab auch Lehrer, die haben meine Legasthenie einfach akzeptiert, die kannten Legasthenie vielleicht, die haben dann den Inhalt bewertet und die Rechtschreibung korrigiert, haben dann gesagt: ›Du mußt was daran tun, du schreibst aber schlecht‹, haben das aber nicht bewertet. In der Grundschule und in der fünften bis sechsten Klasse hat mich das wenig interessiert, aber so ab der siebten Klasse, wo es dann wirklich auch an die Substanz ging, daß ich schlechte Noten schrieb, die Gefahr des Sitzenbleibens da war und ich praktisch nicht dagegen ankam, nicht besser schreiben konnte, da war ich schon sehr verzweifelt. Meine Eltern haben mich da immer unterstützt mit Nachhilfemöglichkeiten. Inhaltlich hat das was genützt, den Stoff aufzuarbeiten usw., aber schriftlich hat sich da wenig getan. Meine Eltern haben sich mit Legasthenie auseinandergesetzt, sie mußten das mit Fassung tragen. Meine Mitschüler konnten im allgemeinen meine Legasthenie von meiner Person trennen.

Ich bin gut in technischen Dingen, kann gut Sachen zusammenbauen, und ich bin gut am Computer. Ich bin jetzt froh, daß für mich die Schule zu Ende geht, der Leistungsdruck dort. Jetzt in der Ausbildung werde ich den zwar auch haben, aber ich weiß wenigstens genauer, wofür.«

Vincent, siebte Klasse, Gesamtschule

»Meine Lehrerin in der Grundschule war, wenn ich es mal höflich ausdrücke, 'ne dumme Zicke, also, es waren zwei dumme Zicken, die haben mich öfter vor der Klasse zum Weinen gebracht, weil ich die Hausaufgaben nicht vollständig hatte oder so was, da gab es kein Verstehen oder so was ... Meine Tests haben sie vor der Klasse hochgehalten, das hat mich zum Weinen gebracht, das war doof.
Ich passe öfter mal nicht auf in der Schule. Ich träume. Ich bin dann, wo ich sein möchte. Ich stell mir was vor, was mich die letzten Tage bewegt hat oder was ich gerne träumen möchte:
Wenn ich zum Beispiel Formel-1-Rennfahrer sein möchte, dann stell ich mir das eben vor, wie ich im Cockpit sitze und rumdüse. Bei den Hausaufgaben geht mir das auch so, ich fange an, mir so etwas zu träumen, kann mich dann nicht auf die Hausaufgaben konzentrieren, und es dauert eine Weile, bis ich da wieder herauskomme. Manchmal mache ich das, weil ich keine Lust habe, manchmal geht das aber auch automatisch, daß ich mit meinen Gedanken woanders bin.
Ich schreibe viel falsch, ich zeichne aber gerne, ich habe viel Phantasie.
Entweder ich lese langsam, dann schaffe ich es, oder ich lese schnell, dann kann es sein, daß ich mal ein Wort auslasse oder es verdrehe und den Satz nicht verstehe.«

Uta Boele, Referendarin

»Ich habe vielen Kindern, die von dieser Problematik betroffen sind, Nachhilfeunterricht gegeben. Wir haben geübt, geübt und geübt – meiner Meinung nach hatten sie es verstanden, aber in der Schule klappte es dann nicht. Ich habe mich immer gefragt, warum? Warum läuft was in der Schule anders? Was passiert da? Das ist so mein Ansatzpunkt. Legastheniker machen keine anderen Fehler, das habe ich anhand von Klassenarbeiten untersucht, die Fehler sind nur häufiger und nicht regelmäßig. Man kann das an den Schriftproben sehen, es gibt Momente, da ist die Schrift klar, und es sind kaum Fehler im Text, und dann wieder Momente, da ist die Schrift bis ins Unkenntliche verzerrt. Deshalb denke ich auch, daß es ein funktionelles Problem ist, etwas, was sich verändert, was man beeinflussen kann.

Es gibt viele Theorien, die immer noch besagen, daß Legasthenie etwas mit einem Hirnschaden zu tun hat, daß die Zuordnung linke/rechte Hirnhälfte nicht so ganz geklappt hat, usw. Ich sehe diese Theorien kritisch. In meinen Untersuchungen zur Examensarbeit habe ich festgestellt: Kein Legastheniker gleicht dem anderen, sie haben allenfalls Ähnlichkeiten, was Fehlerstrukturen betrifft.

Die Benotung eines Legasthenikers wird in Nordrhein-Westfalen dem Ermessen eines Lehrers unterstellt, d. h., er kann in der Benotung berücksichtigen, daß jemand Probleme im Lesen und Schreiben hat, aber er muß es nicht. Für einen Legastheniker ist also nicht genug Schutz da, er ist auf den Goodwill des Lehrers angewiesen.

Ich habe für meine Arbeit über 100 Schulen im Raum Bonn

und Umgebung angeschrieben, in der Hoffnung 40 Schüler zusammenzubekommen (in der Annahme vier bis zehn Prozent haben LRS), ich wollte einen Vergleich von deutschen und englischen Klassenarbeiten. Ich bin auf vollkommenes Desinteresse gestoßen, bis auf wenige Ausnahmen. ›Bei uns gibt es so etwas nicht‹, war eine häufige Antwort oder: ›Das wissen wir nicht, ob wir Legastheniker haben‹. Es interessiert die Lehrer nicht, und das ist schade, wenn das Bewußtsein ausgeprägter wäre, könnte man wenigstens über die Ermessensspielräume schon Pufferzonen schaffen.«

(Uta Boele, heute Referendarin am Gymnasium, hat 1997 eine Examensarbeit mit dem Titel *Leserechtschreibschwäche und Fremdsprachenlernen*[47] geschrieben. Sie hat an den Dreharbeiten im Oktober 1997 zu dem Projekt *The sense of the Senses* mitgewirkt.)

Arnes: »Nichts ist mir selbstverständlich …«

Arnes: Ich habe es meinen Eltern zu verdanken, daß ich aufs Gymnasium kam. Zwei Dinge habe ich ihnen zu verdanken: daß ich von der Grundschule nicht in die Sonderschule kam, das stand auch zur Debatte, und das Gymnasium. Was das Lesen und Schreiben betraf, habe ich zunächst Vermeidungsverhalten entwickelt, gar nicht bewußt, die Anstrengung war einfach zu groß, und auch lieb gemeinte Unterstützung, »schreib doch mal sauberer« etc., brachten keinen Erfolg, das habe ich sehr schnell gemerkt. Und da weiter Energie hereinzugeben, hatte ich nicht, weil ich merkte, selbst wenn ich noch weiter Energie hineingebe, es bringt nichts. Selbst wenn ich es versucht habe, war ich dann extrem erschöpft und merkte, es ändert sich nichts.

Saskia: Wie ging das weiter im Gymnasium?

Arnes: Was die Leistungsbemessung betrifft, die Benotung, also das Hauptfeedbackmittel der Schule: sehr wechselhaft. Die Lese- und Schreibfähigkeiten, die dort ja in höherem Maße verlangt werden, die waren miserabel. Gerade auch in den Fächern, die mir besonders Spaß machten wie der Deutschunterricht … Gerettet habe ich mich ja durch die mündliche Freude, die habe ich mir bis heute erhalten können. Ich hatte auch viele Ermunterer, weil man mir das ja nicht ansah, ich fing also an, mich strategisch zu verhalten, und mußte da auch immer auf der Hut sein.

Saskia: Was hat dich angetrieben?

Arnes: Begeisterung und Freude am Lernen, aber natürlich auch, mir beweisen zu wollen, ich bin eben nicht dumm und faul.

Saskia: Es fehlte dir ja ein Stück Unbeschwertheit …

Arnes: Unbeschwert war die Schule nicht, nein. Ich konnte Gedichte rezitieren, philosophische Texte wiedergeben, das Abc aber nicht oder einfache Wortzuordnungen. Ich konnte nicht rechnen, aber hochkomplexe mathematische Zusammenhänge in der Statistik verstehen.

Saskia: Auf der abstrakten Ebene beschäftigst du dich ja in deinem Studium damit.

Arnes: Ja. Neurologische Verarbeitung von Sprache, Trainings- oder Lernmethoden die Sprache betreffend, das Lesen, wie das funktioniert und was für eine Bedeutung es hat, Texterschließung und Verständlichkeit usw., da war das Studium immer reizvoll für mich.

Saskia: Eine Anziehung zum Thema war also immer da …

Arnes: Warum ich Psychologie studiert habe, ist ja wohl klar ...

Saskia: Machst du auch mal eine Pause?

Arnes: Ich hab seit Jahren keine Ferien mehr gemacht. Lernen und Beruf haben eine Überdimension bei mir. Weil ich durch diese Formen des Umgangs mit dem Wissen, dem Lernen und der Sprachproduktion, diesen grundlegenden Kulturtechniken nicht frei bin, mich selbst ein Stück damit zu identifizieren, das ist ein Teufelskreis.

Saskia: Das kann sich ja immer weiter steigern ...

Arnes: Ja. Es kann ja durchaus sein, daß das danebengeht, und dann gibt es Zeiten des Kollabierens ... Mein Maß für die Pause habe ich noch nicht gefunden.

Saskia: Nicht nur wenn es schiefgeht, wenn du erfolgreich bist, willst du ja auch mehr ...

Arnes: Ja. Inwieweit ich mich chronisch überfordere, dessen bin ich mir nicht gewiß.

Saskia: Deine Ansprüche sind jedenfalls hoch ...

Arnes: Ja. Ich will natürlich eine Eins. Da ist wieder die Ambivalenz, auf der einen Seite das Beweisen, auf der anderen wirkliches Interesse und die Freude am Lernen. Weil ich im Sozialen nicht so viele Kontakte habe, hole ich sie mir ja auch im Lernen, schon immer ...

Saskia: Wie ist das mit deinem Selbstwert ...

Arnes: Der Selbstwert hat sich gleichzeitig durch die viele Beschäftigung eher extrem daran angelehnt, daß ich von dieser Leistungsproduktion mehr abhängig werde, als mich davon befreien zu können. Auf der anderen Seite ist das Mehrtun dafür gedacht, daß ich es später mal leichter habe. Zu viel Zeit ist auf eine *leichtere* Zukunft gerichtet. Kleine Erfolge befriedigen nicht. Nichts ist mir selbstverständlich, ich muß immer was dafür tun. Ich erlaube mir jetzt das freie Tanzen, langsam auch das freie Tanzen auf andere zu, aber das geschieht mit der großen Schere dazwischen.

Saskia: Führst du innere Monologe?

Arnes: Innere Monologe sind für mich analytische Denktätigkeit, wenn ich mich instruiere, etwas zu tun, habe ich mir beigebracht, die Szenerie, in die ich mich begebe, vorher chronologisch durchzustrukturieren mit vielen Alternativen.

Saskia: Wie ist das, wenn du das nicht mußt, wenn du frei davon bist?

Arnes: Ich bin davon nicht frei.

Christoph: »Pädagogik und Legasthenie passen irgendwie nicht zusammen …«

Christoph: Ich habe es nicht als schlimm empfunden, mit dem Schreiben Schwierigkeiten zu haben. Das einzige einschneidende Erlebnis, an das ich mich erinnere, ist, daß ich für den Wechsel auf die weiterführende Schule einen Sondertest machen mußte. Da mußte ich eine knappe Woche lang zu so einer Teststelle fahren, für mich war das spannend, weil es ein weiter Weg war – ich mußte von Troisdorf nach Siegburg fahren. Wir wurden in allen Fächern getestet, aber eben auch Malen und Zeichnen, und da bin ich zum erstenmal mit meiner Wahrnehmungsweise konfrontiert worden. Da kann ich mich noch gut daran erinnern: Eine Uhr, ein Anfangsbild und ein Endbild, und man mußte sagen, in welcher Art und Weise die Uhr gedreht werden mußte, um das

Endbild herauszubekommen, das hat mir großen Spaß gemacht, das herauszuknobeln. Oder beim Schreiben, da hatten sie lustige Themen, da wurde so ein Bogen verteilt mit einer Zeichnung, da waren nur zwei Beine draufgezeichnet, diese Zeichnung sollte man vervollständigen und sich eine Geschichte dazu überlegen. Meine Phantasie war sofort angesprochen, ich konnte mir ganz schnell ein Bild überlegen und eine Geschichte dazu. Ich habe gleich ein räumliches Bild gehabt, ein Mann in Aktion, für mich war das immer normal, so zu denken. Darüber, wie ich was sehe, habe ich mir erst Gedanken gemacht durch unsere Gespräche über Legasthenie und den Davis-Ansatz, als ich das Buch gelesen habe. Ich habe mir das vorher nie bewußt gemacht.

Saskia: Wie war denn das mit den Tests ausgegangen?

Christoph: Das Ergebnis habe ich nicht so genau mitbekommen, man hat wohl gesagt, daß meine Phantasie, mein Vorstellungsvermögen, stark ausgeprägt ist, aber es wurde eine Lese-Rechtschreib-Schwäche – so hieß das damals schon – diagnostiziert. Da müßte ich dran arbeiten, und deshalb wurde ich auf eine Hauptschule geschickt, denn da könnte man es besser üben. So habe ich das im Kopf behalten.

Saskia: Wie lange warst du dann auf der Hauptschule?

Christoph: Ein Jahr. Ich war einfach zu gut, ich mußte überhaupt nichts tun. Ich wurde dann aufs Gymnasium geschickt, und dann ging das los mit dem Streß. Ich kam in eine Klasse mit circa 45 Kids, das war ein Riesenradau, so habe ich das empfunden.

Saskia: Wie hast du dich gefühlt?

Christoph: Es war unruhig, der Klassenverband war nicht so gut wie auf der Hauptschule und auf der Grundschule.

Ich hatte zwar schnell einen Freundeskreis, aber alles war chaotischer, die Lehrer waren überfordert und hatten gar keine Chance, auf die einzelnen Kinder einzugehen. Die Kinder, die Schwierigkeiten hatten, fielen halt hinten runter.

Saskia: Das ist dir dann auch so passiert.

Christoph: Ja.

Saskia: Hast du das mit der LRS in Zusammenhang gebracht?

Christoph: Nein. Ich sah den Einbruch in Latein. In Deutsch hatte ich zwar auch Probleme, schriftlich Fünf, aber mündlich konnte ich das so ausgleichen, daß ich gerade eine Vier bekam, manchmal auch 'ne Drei. Es gab keine Zuwendung von Lehrerseite, und das hat mir viel ausgemacht. Ich hatte so ein Erlebnis noch mal, als ich das Latinum in der Uni nachmachen mußte, das war für mich ein Horrorfach. Das war auch ein Riesenkurs, so 60 Leute. Der Dozent war ein guter Didaktiker, der hat mich einmal in diesen zwei Semestern was gefragt, was ganz Einfaches, und sofort war die alte Blockade da und auch das alte Gefühl.

Saskia: Wie ging das weiter, du mußtest ja dann auf die Realschule.

Christoph: Ja. In meiner Gymnasiumzeit ist wirklich alles eingebrochen, was einbrechen konnte. Deutsch, Mathe, Latein, nur in Sport war ich sehr gut. Ich habe mich auch angelegt mit den Lehrern. Als ich dann in Latein auf Sechs stand, in Deutsch auf Fünf und in Mathe auf Fünf, konnte ich nicht mehr auf der Schule bleiben. Ich kann mich aber an keine große Diskussion erinnern, ich glaube, meine Mutter war nur zweimal deswegen an der Schule, und dann war das Thema vorbei.

Saskia: War es für dich schwierig, der Wechsel auf die Realschule?

Christoph: Ich war erleichtert. Denn ich war überfordert und bin mit dem Denken der Lehrer auf dem Gymnasium überhaupt nicht klargekommen. Ich hab nicht verstanden, was die von mir wollten.

Saskia: War die Legasthenie eine Begründung der Lehrer für den Wechsel?

Christoph: Auch, aber mehr die Unkonzentriertheit, Hyperaktivität, den Ausdruck haben sie damals noch nicht benutzt, ich sei zu unkonzentriert, zu verträumt. Mit meiner Deutschlehrerin habe ich mich überhaupt nicht verstanden und auch nicht verstanden gefühlt. Ich war in der Zeit extrem jähzornig. Später habe ich mehr in mich hineingefressen. Aber als ich jünger war, konnte ich die Kontrolle über mich verlieren.

Saskia: Wie lief das dann für dich auf der Realschule?

Christoph: Das Aufnahmegespräch war ein bißchen von oben herab: »Na, wenn sich keine andere Möglichkeit bietet, dann wollen wir es mal mit ihm probieren.« Ich hatte ja nun auf dem Gymnasium schon einmal eine Klasse wiederholt. Hier konnte ich von der sechsten Klasse in die siebte gehen trotz meiner schlechten Noten. Nun hatte ich auch Ehrgeiz, ich wollte beweisen, daß ich das kann.

Saskia: Hast du dann was getan?

Christoph: Ja, aber übermäßig mußte ich mich nicht anstrengen auf der Realschule.

Saskia: Hattest du auch diese Schwankungen zwischen Nichtstun, Widerstand und Engagement?

Christoph: Bis zur siebten bis achten Klasse war das bei mir extrem lehrerabhängig.

Saskia: Hast du bei dir Stärken festgestellt?

Christoph: Das war wahrscheinlich die Anziehung zur Kunst, da konnte ich das ja am besten ausleben. Außerdem habe ich dort natürlich auch das meiste Lob erhalten. Auch die Auseinandersetzung mit virtueller Kunst war wie für mich zugeschnitten. Ich habe da auch sehr viel über mich selber verstehen gelernt.

Saskia: War dir das bewußt?

Christoph: Ab einem gewissen Zeitpunkt, ja.

Saskia: Noch mal zur Schule, wie war das zum Beispiel bei dir mit dem Verständnis von Grammatik?

Christoph: Ich kann mich einfach nicht an diese formalen Strukturen, die in der Grammatik vorgegeben sind, gewöhnen. Ich schreibe so, wie ich denke, und ich denke, wie ich schreibe. Ich hatte das Problem beim Philosophieunterricht, ich schrieb mal Zwei, mal Sechs, immer abwechselnd. Entweder habe ich die Texte sofort verstanden oder eben gar nicht, ich denke da an einen speziellen Autor, einen Anthropologen, Theodor Geiger, den Namen werde ich nie vergessen, der hat irgendwelche merkwürdigen Sätze geschrieben, die Sinn haben sollten. Ich konnte machen, was ich wollte, ich habe diese Sätze einfach nicht verstanden. Das hat mich so wütend gemacht, weil ich die Konstruktion einfach nicht verstanden habe.

Saskia: Hattest du noch Schwierigkeiten in der Uni?

Christoph: Bei Referaten, Hausarbeiten etc. habe ich extremen Korrekturbedarf, auch heute noch. Die extremste Kollision fällt mir gerade ein, das dauert bei mir immer eine Weile, weil ich es nie mit Legasthenie in Verbindung bringe – das war in Tübingen. Ich habe Kunstgeschichte als Hauptfach aufgegeben, weil ich da mit einer Dozentin aneinandergeraten bin, die ganz extrem auf Sprache geachtet hat. Die hat mich regelrecht zur Schnecke gemacht. Bei meinen Referaten hat sie zum Beispiel hingeschrieben: »Dieses Wort gibt es nicht«, »Diese Wortkombination gibt es nicht«, »So kann man das nicht ausdrükken«, alles sehr negativ beladen. Sie hat auch die Noten jeweils um ein bis zwei Noten runtergesetzt. Damals habe ich das Phänomen aber nicht mit der Legasthenie in Verbindung gebracht, sondern mit meinen zwei Jahren Kunstschule vorher. Da haben wir viel diskutiert, Ausstellungen angesehen etc. Und da hatte ich vom Vokabular her immer das Gefühl, verstanden zu werden. Mit diesem Vokabular bin ich in der Kunstgeschichte voll auf die Nase geflogen ...

Saskia: Das Phänomen gibt es ja auch zwischen Dichtern und Germanisten ...

Christoph: Du glaubst nicht, wie ich mich mit dieser Frau gefetzt habe über den Begriff des Zufalls, der spielt ja in der Kunst eine ganz wichtige Rolle. Ich wurde fast aus dem Seminar herausgeschmissen ... Um zu deiner Frage zurückzukommen, mündlich mich auseinanderzusetzen war gar kein Problem für mich, nie. Wenn ich aber etwas schriftlich fixieren muß, dann wird es kompliziert.

Saskia: Da hast du sicher auch Widerstand.

Christoph: Ja ...

Saskia: Was ich bei dir heraushöre, was mir sehr bekannt vorkommt, ist die Schwierigkeit bei bestimmten Lehrern oder Dozenten, nicht ernst genommen worden zu sein. Da meine ich, könnten Pädagogen, wenn sie mehr wüßten über Legasthenie und sensibler ihr gegenüber wären, ganz anders mit umgehen.

Christoph: Mir hat zum Beispiel nie weh getan, daß ich nicht gut schreiben kann, aber, wenn Menschen mich deshalb nicht mehr ernst nehmen, das tut mir weh. Vielleicht haben mich manche Lehrer für blöd gehalten, ich weiß es nicht, als Person ernst genommen zu werden, das war für mich ausschlaggebend.

Saskia: Intelligenz und Schreibenkönnen wird ja häufig noch in Verbindung gebracht.

Christoph: Mit dieser makabren Defizittheorie muß eben endlich mal aufgeräumt werden. Vielleicht ist man in Deutschland besonders perfekt mit der Normierung, und wenn du einmal aus der Norm herausgefallen bist, mußt du gleich in irgendeine Therapie. Daß vielleicht auch an der Norm etwas nicht stimmt, darauf kommt so schnell keiner.

Saskia: Die wird ja auch vorgeschrieben …

Christoph: Aber jeder Mensch ist doch anders!

Saskia: Was würdest du denn als Pädagoge empfehlen, wie Lehrer mit Legasthenikern umgehen sollten?

Christoph: Konservative Pädagogik und Legasthenie passen irgendwie nicht zusammen.

Lehrer-Sichten

Grundschule: Melina S.[48]

Saskia: Hast du Erfahrung mit Legasthenie/LRS in der Grundschule, seid ihr auf diese Problematik vorbereitet?

Melina: Bei uns hat sich eine Lehrerin vor einigen Jahren darin fortgebildet, zu der Zeit, als noch Tests in den Schulen gemacht wurden. Heute läuft das so, daß Eltern, die selber engagiert sind, zum Schulamt gehen können und dort ihr Kind testen lassen können.

Saskia: Das ist ja nicht so einfach. Eltern wissen ja zunächst oft gar nicht, was Legasthenie ist. Wie ist das bei dir? Hast du Erfahrung mit solchen Schriftbildern, kannst du das merken …

Melina: Ich achte vom ersten Schuljahr an darauf, aber es entwickelt sich oft anders, als ich denke. Bei Kindern, wo ich dachte, da kann das Problem entstehen, hat sich nach zwei Jahren herausgestellt, sie haben das Problem nicht, zwei Kinder, bei denen ich LRS bzw. starke Wahrnehmungsstörungen vermutet habe, sind nicht mehr auf der Schule.

Saskia: Wie gehst du damit um, wenn dir so ein Kind begegnet?

Melina: Ich arbeite sehr viel mit einer Kollegin zusammen, die ein legasthenisches Kind in der Klasse hat, wir tauschen uns aus. Nach Rücksprache mit den Eltern haben wir uns geeinigt, diesem Kind im Zeugnis eine Note in Deutsch zu geben. Die Eltern wollten die Note. Wir hatten angeboten, die Benotung auszusetzen. Wir haben dann eine differenzierte Note gegeben. Wir geben solchen Kindern die Möglichkeit, statt einem Diktat einen Text abzuschreiben, sie bekommen dann in Rechtschreibung eine Vier.

Saskia: Grundsätzlich?

Melina: Grundsätzlich.

Saskia: Wie kommen die Kinder damit zurecht?

Melina: Bei mir in der Klasse kommen die Kinder damit zurecht, weil sie sonst unheimlich viele Fehler machen, und dann benote ich die Arbeiten gar nicht, denn eine Fünf schreibe ich nicht unter ein Diktat, wenn Kinder zum ersten Mal in ihrem Leben Noten bekommen. Ich habe das mit ihnen besprochen und ihnen gesagt: »Eine Vier ist gar nicht so schlecht, probier mal, wie du schreibst, wenn du dich auf den Text konzentrieren kannst.« Die meisten haben zwischen einem und drei Fehlern gemacht, manche sogar auch null und waren glücklich mit der Vier, das muß ich schon sagen. Man muß auch wissen, es ist ein deutsches Kind dabei, die anderen sind türkische Mädchen.

Saskia: Werdet ihr unterstützt, bekommt ihr Informationen über den Erlaß der Kultusminister oder überhaupt, wie man mit Legasthenie umgehen kann?

Melina: Von der Schule und vom Schulamt kriegen wir keinerlei Hinweise. Über den Umgang mit LRS müssen wir uns schon selbst informieren. Das Schulamt bietet Fortbildungen an, die genauso wie die meisten anderen Fortbildungen nicht belegt werden müssen.

Saskia: Gibt es bei euch Förderkurse?

Melina: Auffällige Kinder bekommen die Möglichkeit, einen sogenannten LRS-Förderkurs (eine Stunde pro Woche) zu besuchen. Aus jeder Klasse sollte nur ein Kind daran teilnehmen, wir sind fünfzügig, das wären dann schon fünf Kinder. Gewinnbringender wäre es mit nur zwei Kindern, wenn man dann wenigstens eine Stunde intensiv mit zwei Kindern arbeiten könnte. Es sind aber aus jeder Klasse ein bis zwei Kinder, es sitzen also oft acht bis zehn Kinder in diesem Kurs, und es ist sehr schwer, in einer dreiviertel Stunde irgend etwas gezielt zu arbeiten. Bei uns gibt es eine Kollegin, die Fortbildung im Bereich Sprache anbietet und sich auch mit dem Thema LRS auseinandergesetzt hat. Sie stellt gezieltes Material zusammen – Wahrnehmungsspiele, motorische Spiele, Hörspiele, auditive Wahrnehmungskassetten –, um im Bereich Wahrnehmung die Kinder in diesem Kurs zu fördern.

Saskia: Der Staat hat ja die Verantwortung in die Grundschule gelegt, ob einer Lesen und Schreiben lernt. Arbeitet ihr zum Beispiel mit dem schulpsychologischen Dienst zusammen?

Melina: Ist ein Kind auffällig, reden wir mit den Eltern und erzählen ihnen von der Möglichkeit, es beim schulpsychologischen Dienst testen zu lassen.

Saskia: Ist es so, daß die Eltern initiativ werden müssen, die Sache in die Hand nehmen müssen, auf die Lehrer zugehen müssen?

Melina: Wir haben praktisch keine Zeit, uns intensiv damit auseinanderzusetzen. Man lernt im Studium nichts darüber, auch in der Referendarzeit kriegst du das nicht als Problem mit. Aber häufig fällt den Lehrerinnen auf, daß das Kind Schwierigkeiten hat. Wir setzen uns dann schon mit den Eltern in Verbindung. Und auch da wird ganz unterschiedlich damit umgegangen. Von ganz engagierten Leuten bis hin zu Leuten, die aus Erfahrung sagen, da müssen die Kinder durch. Wenn du Glück hast, kriegst du das irgendwie auf die Reihe ...

Saskia: Wie ist das mit Vorurteilen, daß Legastheniker irgendwas im Kopf haben ...

Melina: Das erlebe ich in unserer Schule nicht. Meine Kolleginnen gehen alle recht vorsichtig mit den Kindern und mit dem Problem dieser Kinder um. Wir sind allerdings hilflos und raten den Eltern, sich ans Schulamt zu wenden und das Kind testen zu lassen. Wir können Legastheniker nicht erkennen, Legasthenie nicht diagnostizieren, nur Vermutungen anstellen.

Gymnasium: Dieter Fenk[49]

Saskia Steltzer: Wie gehen Sie am Gymnasium mit Legasthenie/LRS um?

Dieter Fenk: Meine erste Erfahrung damit hatte ich vor ungefähr fünfzehn Jahren, als ich als Lehrer anfing. Da hat mir der damalige Schulleiter einen Aufsatz in die Hand gedrückt und gesagt: »Jetzt ist es endlich bewiesen: Legasthenie gibt es gar nicht, diese Schüler sind nicht intelligent, das ist alles nur aufgebauscht, in Wirklichkeit ist es ein Intelligenzmangel, jetzt wissen wir es endlich«, und ich solle das mal lesen. Ich hab es dann getan. Das war der Stand von 1982/83, auf dem ich war. Einige Jahre später, so 1989/90, hatte ich eine Schülerin in der Klasse, die so große Abweichungen in der Rechtschreibung hatte, daß die Eltern sie zum Schulpsychologen geschickt haben. Diese Eltern waren es, die mir dann Material gegeben haben und die Richtlinien, die es dazu gab.

Von meiner Beobachtung her war das zum damaligen Zeitpunkt kein Problem, das in den Köpfen der Lehrer schwirrte, sondern bei mir war es so, ich bin darüber gestolpert und habe dadurch Informationen bekommen. In der Ausbildung gab es das Thema nicht und in der Referendariatszeit auch nicht. Es gab zwar einen Erlaß dazu vom Kultusminister, aber den habe ich auch erst von Elternseite her bekommen.

Saskia Steltzer: Ist Legasthenie ein Thema an Ihrer Schule, daß man weiß, so etwas gibt es, und wird darüber im Kollegium gesprochen?

Dieter Fenk: In der Fachkonferenz Deutsch sprechen wir darüber. Es gibt auch eine Rechtschreib AG am Nachmittag, und die Deutschlehrer wissen, daß sie Schüler, die ihnen durch ihre Rechtschreibprobleme auffallen, in diese Deutsch AG schicken können. Die Schüler müssen dorthin, wenn der Lehrer sagt: »Hör mal, du hast in diesem Bereich Probleme.« Ich selbst habe eine Ansprechpartnerin im schulpsychologischen Dienst. Ich habe sie damals kennengelernt, bei meiner ersten Begegnung mit Legasthenie. Ihr habe ich inzwischen schon zwei bis drei Schüler geschickt, wenn ich den Verdacht hatte auf Legasthenie/LRS. Von ihr bekomme ich auch entsprechend Rückmeldung über die Rangposition und die Intelligenztests, ob die Schüler überhaupt für das Gymnasium geeignet sind oder nicht. Typische Legastheniefehler zähle ich dann bei Arbeiten nicht mit.

Saskia Steltzer: Wissenschaftler haben ja nachgewiesen, daß das Schreiben nichts mit Intelligenz zu tun hat. Neuere Forschungen besagen auch, daß es keine typischen Legastheniefehler gibt, sondern Legastheniker nur viel mehr Fehler machen. Bekommen Sie eigentlich Informationen über neuere wissenschaftliche Erkenntnisse und Forschungen auf diesem Gebiet oder überhaupt Hilfestellung von außen?

Dieter Fenk: Nein. Wahrscheinlich, weil es so selten bei uns passiert, wir so wenige Fälle haben. Wenn man das so ausweitet, erhebt sich die Frage, ob es da noch irgendwelche Grenzen gibt, wenn kein Fehler mehr typisch ist, nur die quantitative Fehlerhäufigkeit.

Saskia Steltzer: Können Sie sagen, wie viele Legastheniker es hier an Ihrer Schule gibt?

Dieter Fenk: Ich kann es höchstens für meine Klassen, die ich unterrichte, sagen. Zur Zeit habe ich nur einen typischen Fall.

Saskia Steltzer: Wer nicht schreiben kann, ist dumm? Glaubt man das noch hier auf Ihrer Schule?

Dieter Fenk: Ich glaube nicht, daß es so eine Einstellung bei uns gibt. Ich erinnere mich an eine Abiturientin, die vor einigen Jahren Abitur gemacht hat mit einem sehr guten Durchschnitt, besser als Zwei. Ich kann mich noch an eine Situation erinnern, daß sie in der Abizeitung einen Bericht über eine andere Schülerin verfaßt und unter anderem den Vornamen ihrer Freundin falsch geschrieben hat. Das Bewußtsein, daß viele Fehler mit Dummsein zu tun hat, gibt es wohl nicht, da wird differenziert.

Saskia Steltzer: Ist es in Ihrer Schule möglich, über das Problem LRS/Legasthenie zu sprechen, ohne daß es die Lehrer nervt? Das kommt ja auch vor.

Dieter Fenk: Das würde ich schon so sehen. Es ist nicht so, daß es nervt.

Saskia Steltzer: Haben Sie Erfahrungen, wie viele Legastheniker das Gymnasium bei ihnen durchlaufen, wie viele abgehen?

Dieter Fenk: Das kann ich nicht sagen.

Realschule: Michael Herbrechter

Saskia Steltzer: Gibt es bei Ihnen auf dem Realschulzweig LRS-Probleme?

Michael Herbrechter: Die gibt es bei uns, und zwar verstärkt in den letzten Jahren. Wir haben häufig Kinder aufgenommen, bei denen wir aufgrund der Notenkonstellation annahmen, daß es sich um LRS-Kinder handeln könnte. Fragten wir nach, so wichen die Eltern oft aus oder versuchten, die Noten zu relativieren. Das hat sich verändert. Die Eltern weisen im Aufnahmegespräch darauf hin, daß das Kind eine Teilleistungsschwäche hat. Die Kinder sind in der Regel schon getestet, nehmen am Förderunterricht der Grundschule teil und werden durch spezielle Institute betreut. Diese Öffnung ist wichtig für unser Konzept, denn wir halten es nicht für möglich, das Problem LRS rein schulisch zu lösen. Hier setzen wir auf eine enge Kooperation zwischen Testdiagnostik, Förderung durch Elternhaus, Schule und externe Institute.

Saskia Steltzer: In der Ausbildung wird das nicht durchgenommen?

Michael Herbrechter: In der Ausbildung wird das Thema noch nicht ausreichend behandelt. Insbesondere die Auswirkungen auf andere Fachbereiche, wie zum Beispiel Fremdsprachen oder Textaufgaben in der Mathematik. Deshalb sind große Berührungsängste da.

Saskia Steltzer: Wie gehen Sie damit in Ihrer Schule um, wenn ein Kind in der Richtung auffällt?

Michael Herbrechter: Wir haben inzwischen eine eigene Testdiagnostik in der Schule. Unser Ziel ist eine kontinuierliche Weiterförderung oder die Erstellung eines Förderplans zum frühestmöglichen Zeitpunkt.

Saskia Steltzer: Also Bewußtsein ist in Ihrer Schule da?

Michael Herbrechter: Ja, wir stellen uns dem Problem der Integration. Dabei müssen wir im Auge behalten, daß diese Kinder einen größeren Zuspruch brauchen innerhalb des Unterrichts und einer besonderen Förderung im Rahmen einer Binnendifferenzierung bedürfen. Dies hat eine quantitative und methodische Komponente. Keine Gruppe darf die andere in ihrem Lernerfolg behindern, im Gegenteil, sie sollten voneinander profitieren. Das heißt, daß die Lehrer ständig fortgebildet werden müssen. Denn schlimm wäre es, wenn man ein legasthenisches Kind aufnimmt ohne ein individuelles Förderungskonzept, das in die allgemein gültigen Rahmenrichtlinien eingebettet ist.

Saskia Steltzer: Kennen Sie den LRS-Erlaß, und kommt er bei Ihnen zur Anwendung?

Michael Herbrechter: Ja. Wir setzen uns in einer schulinternen

Fortbildung damit auseinander. Wir hatten verschiedene Fachleute zu Gast, die uns für das Thema sensibilisiert haben. Am Anfang spürte man deutlich gewisse Berührungsängste der Lehrer, zum Beispiel das Argument: »Wenn ich den Erlaß wörtlich nehme, dann hab ich plötzlich nur noch Legastheniker in meiner Klasse.« Legasthenie als vorgeschobene Entschuldigung.

Als wir diese erste Hürde genommen hatten und ein gewisses Verständnis bei den Kolleginnen und Kollegen geweckt hatten, kam die zweite wichtige Frage nach der angemessenen Methodik. Denn was mache ich mit einem Schüler, für dessen Leistungsbeurteilung ich in den Hauptfächern die schriftliche Leistung nicht in der traditionellen Art bewerten darf? Hier müssen andere greifen, zum Beispiel multiple choice, die mündliche Abfrage, Bildergeschichten, Zuordnungen ... Es bewegt sich damit auch etwas. Ich bekam neulich ein sehr schönes Feedback einer Kollegin, die mir sagte: »Anfangs hatte ich große Probleme damit, aber jetzt macht es mir richtigen Spaß. Ich probiere Methoden aus, die es legasthenischen Kindern erlauben, ihre Leistungsfähigkeit zu zeigen. Dies macht auch den anderen Spaß.« Hier findet also auch methodisch eine Integration statt.

Saskia Steltzer: Gibt es LRS bei Ihnen auch am Gymnasium?

Michael Herbrechter: Wir haben das Problem LRS auch in der Sekundarstufe I und in der Sekundarstufe II. Auch da mußten wir uns kundig machen, denn weder eine Versetzung noch ein Abschluß (Fachoberschulreife/Abitur) dürfen an LRS scheitern. Was sich gut bewährt hat, ist der enge Kontakt zwischen Fachlehrern und externen Instituten. Wir versuchen, unsere Fördermaßnahmen mit den externen Instituten abzusprechen.

(Michael Herbrechter ist Leiter des Realschulzweiges der Jugenddorf-Christophorusschule Königswinter. Diese Schule setzt sich in ihrem pädagogischen Konzept mit *Teilleistungsstörungen* auseinander und hat auch einen Zweig für Hochbegabte.)

Hauptschule: Ingrid Stüben

Saskia: Gibt es in eurer Schule das Thema Legasthenie/LRS?

Ingrid: Überhaupt nicht.

Saskia: Habt ihr denn Probleme auf diesem Gebiet, zum Beispiel in der Rechtschreibung?

Ingrid: Wir haben damit eine Menge Probleme, aber ich habe seit Jahren nichts mehr davon gehört, daß darauf eingegangen wird oder überhaupt bemerkt wird, daß eine Schwäche vorliegen kann, die mit normalen Rechtschreibschwierigkeiten nichts mehr zu tun hat, das wird einfach unter den Teppich gefegt.

Saskia: Wie geht ihr denn damit um?

Ingrid: Wir schrauben einfach unser Niveau ständig herunter. Zum Beispiel wurden vor zehn oder zwölf Jahren noch ungeübte Diktate geschrieben. Eine bestimmte Anzahl von Wörtern, pro Schuljahr gegliedert, sagen wir mal 100 Wörter im fünften und sechsten Schuljahr, konnten noch ungeübt geschrieben werden. Dann wurden nur noch geübte Diktate geschrieben, die waren Wort für Wort bekannt ohne irgendwelche Abweichungen vom Text. Seit ein oder zwei Jahren hat sich die Erlaßlage soweit geändert, daß wir keine Diktate mehr schreiben sollen. Es werden also keine Diktate mehr geschrieben. Bei uns hätte auch niemand die Fähigkeit, eine LRS zu erkennen.

Saskia: Hattet ihr das Thema LRS/Legasthenie in der Ausbildung?

Ingrid: Nein. Überhaupt nicht.

Saskia: Kennt ihr den LRS-Erlaß in der Schule? Hast du schon mal davon gehört?

Ingrid: Nein. Den kenne ich nicht. Ein Schüler, der nicht gut schreiben kann, ist einfach schwach, paßt nicht in die Norm. Eine Kollegin hat mir gerade erzählt, die hat in der zehnten Klasse ein 100-Wörter-Diktat, ein geübtes, geschrieben, da hatten einige Schüler bis zu 75 Rechtschreibfehler. Da würde aber keiner auf die Idee kommen und sagen, ist das normal, kann da eine LRS vorliegen? So ein Schüler wird, wenn ich das mal flapsig sage, einfach für doof gehalten. Faul, doof, tut nix ...

Saskia: LRS ist also überhaupt kein Thema, über das ihr im Kollegium mal diskutiert?

Ingrid: Nein. Bei uns gibt es höchstens Überlegungen, nicht mehr alles rot anzustreichen oder nur das anzustreichen, was richtig ist. Das ist natürlich auch Augenwischerei.

Saskia: Ist dir schon einmal ein Fall begegnet, wo einer sehr schlecht in der Rechtschreibung ist, aber sonst ganz pfiffig, und du dich darüber gewundert hast?

Ingrid: Ja. In meiner eigenen Klasse hatte ich jemanden, dessen Schrift konnte ich kaum lesen. Der konnte nicht richtig schreiben und war in anderen Bereichen, wie Technik oder Kunst, hervorragend. Der hatte immer Ideen, verbal war das okay, und handwerklich war er ausgesprochen gut. Wenn der ein oder zwei Sätze schreiben mußte, dann hat er den Füller hingeschmissen, hat gesagt, ich mach das nicht mehr, fertig. Er war auch so selbstbewußt, daß er sich nicht hat drängen lassen, von keinem Lehrer, er hat dann gesagt: »Dann krieg ich da eben 'ne Fünf.« Die hat er sich einfach geleistet, weil er ganz genau wußte: »Ich kann mich noch so anstrengen, ich kann mich noch so hinsetzen, ich kann noch so üben, das klappt nicht.« Er hat auch geübt. Er hat mir das mal erzählt, hat gesagt: »He Stüben, ich hab gestern den ganzen Tag ...« und schmiß mir das dann so hin, das Heft »... und was ist dabei herausgekommen?« Er war todunglücklich. Nachdem er mehrere solche Situationen erlebt hatte, hat er gesagt: »Schreiben kann ich nicht, mach ich nicht!« Und da hat er sich auch nicht zu drängen lassen. Damit hat er natürlich auch Fünfen und Sechsen riskiert. Das war ihm dann egal. Er war so glücklicher.

Saskia: Von der Schule gab es da keine Hilfestellung beispielsweise durch Anwendung des Erlasses bei der Benotung der schriftsprachlichen Fächer?

Ingrid: Nein. Es wurde einfach festgestellt, daß er schlecht ist, nicht in die Norm paßt. Da wurde nie darauf aufmerksam gemacht, daß es so was wie LRS sein könnte. Wäre er in anderen Fächern auch noch ganz schlecht gewesen, hätte man wahrscheinlich überlegt, ein Sonderschulaufnahmeverfahren zu machen. Dann kommt ein spezieller Lehrer von der Sonderschule und testet den Schüler. Das ist ein aufwendiges, langwieriges Verfahren, das kommt vielleicht ein- oder zweimal im Jahr vor.

Saskia: Ist es so, daß ihr euch schon daran gewöhnt habt, daß die Rechtschreibleistungen schlecht sind? Ihr werdet nicht unterstützt, müßt irgendwie damit fertig werden?

Ingrid: Ja. Wir fordern ja auch keine Unterstützung ein, wir sind blind geworden. Wir sehen das ja gar nicht, wir merken das nicht. Der Schüler ist einfach schwach oder faul oder wie auch immer ... Darüber wird nicht nachgedacht, ob da eine Schwäche vorliegen könnte. Das wird nach der Norm festgestellt: So ist das, fertig.

Saskia: Elternunterstützung gibt es wahrscheinlich kaum?

Ingrid: Die Eltern an der Hauptschule kümmern sich sehr wenig, die wissen manchmal gar nicht, in welcher Klasse das Kind ist. Wenn sie zu uns kommen, gilt das, was der Lehrer sagt, die Schülerin oder der Schüler soll sich mehr anstrengen, und das war es dann. Wir haben keine kritischen Eltern, die mal was hinterfragen.

(Ingrid Stüben ist eine engagierte Lehrerin und bei den Schülern sehr beliebt. Sie setzt sich weit über den Schulalltag hinaus, auch in privaten, regelmäßigen Treffen mit ihren Schülern, für die Belange der Jugendlichen ein, sie hört ihnen zu. Gerade auf der Hauptschule ist diese Problematik sicher besonders kraß, dort engagieren sich auch die wenigsten Eltern für die Probleme ihrer Kinder.)

Eltern-Sicht

Renate Thies' Sohn Sven ist heute 22 Jahre alt, und der Satz: »Warum funktionierst du nicht endlich mal, warum tust du nicht das, was man von dir erwartet?« hat sein ganzes Leben geprägt. Begonnen hat das bereits in der zweiten Klasse, da traten Lese-Rechtschreib-Schwierigkeiten auf. Seine Mutter hat ihn im fünften Schuljahr testen lassen. Diagnose: *Legasthenie.* Von der Schule kam kein Hinweis. Meine Frage nach Svens Schulkarriere beantwortete Renate mit einem einzigen Wort: »Übel«. Sven hatte durch die Bank ein negatives Feedback, die Negativaspekte durchzogen seine Bewertung in der Schule, er war ein *personifiziertes Negativbild.* Das Grundschulgutachten empfahl die Hauptschule, die

Mutter schulte Sven in die Gesamtschule ein, wo auch der ältere Bruder war. Nach einem Jahr kam beim Elternsprechtag die Aussage des Klassenlehrers, daß Renate ein bodenlos freches, dummes, ein unzumutbares Kind habe. Sie hat ihn gefragt, ob er auch irgendeine positive Aussage machen könnte. Dem war nicht so: »Dann habe ich mir Sven unter den Arm geklemmt und ihn abgemeldet.«
Legasthenie wurde in der gesamten Schullaufbahn nie berücksichtigt, obwohl die Fachleute des Legasthenieinstituts, in dem Sven drei Jahre war, mit den Lehrern sprachen und die Mutter die Tests und den Hinweis auf den Erlaß in jeder Schule vorgelegt hatte. Svens Schreibleistung hatte einen geringen Prozentrang, seine Leseleistung entsprach nicht der Klassennorm. Es wurde deshalb auch im fachärztlichen Gutachten empfohlen, den Erlaß anzuwenden: »Das ist einfach unter den Tisch gefallen, das war eine Beilage zu den Akten.« In der fachärztlichen Bescheinigung stand, daß bei Sven eine Legasthenie vorliege, die auf ausgeprägte Mängel in der akustischen und optischen Differenzierung hinsichtlich von Wortgestalten zurückzuführen ist ... »Der Schüler verfügt über eine altersgemäße intellektuelle Ausstattung und eine überdurchschnittliche gesamtintellektuelle Leistungsfähigkeit.« Aber, was nützt das, wenn ihm keine seinem Lernstil entsprechenden Methoden zur Verfügung stehen? Herkömmliche Methoden halfen Sven nicht weiter.

Nach der Gesamtschule kam Sven auf eine Privatschule, weil die Eltern ihm *was Gutes* tun wollten. Er verließ diese Schule in der siebten Klasse. Die Mutter wollte ihn auf die Hauptschule geben, dort wurde er abgewiesen. Sie bekam einen Platz in einer Realschule. Dort wurde er ein Jahr zurückversetzt und dieses eine Jahr geduldet. Dann *wurde er gegangen* über die Noten. Das war zwar unzulässig, Oberschulamt etc. wurde eingeschaltet, es hatte aber auch wenig Sinn, unter solchen Umständen dort zu bleiben. Renate suchte eine Schule, keiner wollte ihren Sohn aufnehmen. Nach längerem Hin und Her fand sich eine Hauptschule in einem anderen Wohnbezirk bereit, das Kind aufzunehmen. Die letzten zwei Jahre hatte er zwei unkonventionelle Lehrer und machte dort seinen Abschluß. In der Berufsschule hat er Probleme in Deutsch: »Es nimmt kein Ende!« sagt die Mutter. Der Mutter wurde von Lehrerseite immer wieder gesagt: »Sven hat uns so enttäuscht!« »Was fällt dir denn als Mutter dazu noch ein? Er wirkt in seiner Ausstrahlung lieb, macht aber nicht, was in ihn hineingedacht wird. Er ist nicht pflegeleicht.« Sven konnte sich der Norm nicht anpassen.

Ich fragte die Mutter, ob ihr Svens Stärken aufgefallen seien. Sie sagte, das sei schon sehr früh der Fall gewesen:

> »Schon mit vier Jahren verschwand Sven mal bei einem Grillabend, an dem die Erwachsenen versuchten, die Holzkohle zum Brennen zu bringen, und baute kurzerhand einen Ventilator aus dem Elektrobaukasten seines älteren Bruders erfolgreich zusammen, der Grillabend war gerettet. Mir ist aufgefallen, daß Sven immer unorthodoxe Problemlösungen findet, er kam mir oft vor wie ein *Ingenieur ohne Studium.* Wie soll man so etwas zensieren? Unorthodoxe Problemlösungen sind nicht gefragt, passen nicht in die Norm, sind außerhalb der Bahn.«

Hochbegabung und Lese-Rechtschreib-Schwäche

Barbara Glock-Steiff hat zwei hochbegabte Kinder, Friederike, zwölf Jahre alt, und Phillip, neun Jahre alt, die auch Lese-Rechtschreib-Störungen haben. Sie ist Mitglied in der Initiative zur Förderung hochbegabter Kinder (Stuttgarter Gruppe).

Ihre Tochter Friederike, die inzwischen zwölf Jahre alt ist, hatte eine glückliche Kindergartenzeit. Die Kindergärtnerin hat mal zur Mutter gesagt: Wenn ich nicht wüßte, daß Friederike erst vier Jahre alt ist, würde ich sagen, sie ist schulreif und müßte in die Schule. Damals haben beide darüber gelacht, hielten das für einen Witz. Die Eltern wußten nur, das Kind ist gut *drauf.* Friederike hat früh gerechnet und ihre Eltern von morgens bis abends mit Fragen genervt. Die Eltern dachten: »Gott sei Dank, daß das Kind jetzt in die Schule kommt, daß es Ruhe gibt.«

Nach der ersten Schulwoche fragte sie ihre Mutter: »Mama, warum soll ich dahin gehen, ich lern dort nix.« Die Mutter erklärte ihr, sie solle ein bißchen Geduld haben, »es werde schon werden«. Nach der zweiten Woche wurde die Mutter zum erstenmal in die Schule bestellt. Ihr wurde gesagt, das Kind störe den Unterricht, würde ständig Beiträge bringen, die nicht altersgerecht seien und die anderen Kinder überfordern, das sei nicht normal, ob sie das Kind zu Hause drillen würden? Zwei Wochen später wurde die Mutter wieder in die Schule zitiert, ihr wurde gesagt, das Kind sei nicht mehr tragbar für den Unterricht und würde anfangen, die Lehrerin zu korrigieren. Sie hat das erste Schuljahr fehlerfrei gearbeitet, sich aber vom ersten Tag an geweigert, Hausaufgaben zu machen. »Das wurde dann zum Hauptthema

zwischen der Lehrerin und uns: Arbeitshaltung, Vergeßlichkeit ...«
Gedichte, die sie lernen mußte, konnte sie, unabhängig von der Länge, nach zweimaligem Vorlesen auswendig. Aber drei Sätze abzuschreiben oder vier Matheaufgaben zu machen dauerte stundenlang. Barbara Glock-Steiff hat versucht, über diese Diskrepanz mit der Lehrerin zu sprechen. Feedback: das Kind sei widerspenstig.

Dann verschärfte sich die Lage, die anderen Kinder fingen an, sie zu schneiden, nicht mehr mit ihr zu spielen. Barbara Glock-Steiff hat dann erfahren, daß eine Lehrerin geäußert hat, dieses Kind sei irgendwie nicht normal, man soll doch die anderen Kinder lieber fernhalten.
Das Kind wurde immer mehr zum Störfall, ging in die Verweigerung, machte keine Hausaufgaben, die Mutter war ratlos. Die Fronten wurden härter, Friederike wurde immer weiter ausgegrenzt. Gegen Ende des ersten Schuljahres hat Friederike dann darauf bestanden, daß sie einzeln an einem Tisch ungefähr zwei Meter hinter der Klasse saß: »Da bin ich richtig, ich gehöre sowieso nicht dazu«, war ihr Kommentar. In den Sommerferien hat sie sich erholt.
Nach den Ferien ging das Drama wieder los, Friederike wurde jetzt apathisch und depressiv. Barbara Glock-Steiff wurde wieder in die Schule zitiert, und ihr wurde gesagt: ihre Tochter sei hochgradig verhaltensgestört, sie solle etwas unternehmen.

Die Eltern wurden aktiv, herausgestellt hat sich, daß das Kind okay ist und die Familie auch, daß das Kind jedoch einen sehr hohen IQ hat. Da ein Lehrerwechsel bevorstand, wurde den Eltern geraten, das Kind in der Schule zu lassen:

Bei dieser hohen Intelligenz wird das Kind dann eine Lösung finden, wurde ihnen gesagt.
Unterstützung fand Barbara Glock-Steiff nicht, sie war sich wieder selbst überlassen. Und die Probleme blieben. Friederike wurde noch mal von der Schulbehörde getestet, es kam eine neue Schulleiterin, die Verständnis hatte. Das Kind bekam Sonderaufgaben und wurde von den Hausaufgaben befreit. Die soziale Ausgrenzung war nicht mehr in den Griff zu bekommen. Spielkameraden fand Friederike nur in der Elterngruppe, der sie sich inzwischen angeschlossen hatten.

Barbara Glock-Steiff: Nach einem Jahr bot die Schule an, Friederike solle eine Klasse überspringen. Doch sie bestanden darauf, daß Friederike den Lernstoff vorarbeitet: Bei der Lernunlust hochbegabter Kinder ist das nicht machbar.
In der Zeit trat auch ein Lese-Rechtschreibproblem auf, das war schon Anfang der zweiten Klasse sichtbar. Damals konnten wir feststellen, daß sie kaum gelesen hat, sie konnte nicht lesen. Wenn ich ihr etwas vorlas, konnte sie alles sofort auswendig, auch sehr lange Texte. Ich habe eine Weile gebraucht, herauszufinden, daß sie das tatsächlich auswendig kann und nicht liest. Mit Legasthenie habe ich das nicht in Verbindung gebracht, ich habe gedacht, es seien die sozialen Probleme, das legt sich wieder, sobald Friederike emotional im Gleichgewicht ist.
Ich habe dann die Schulpsychologin angesprochen und sie gefragt, ob das Kind Teilleistungsstörungen habe, wie es so schön heißt. Sie sagte, wundern würde sie es nicht, es gäbe kaum hochbegabte Kinder, die das nicht haben. Sie hat Friederike dann durchgetestet und gesagt, sie

schreibt nicht richtig und sie liest nicht, aber sie mache keine legasthenietypischen Fehler.

Saskia Steltzer: Legasthenietypische Fehler gibt es nicht, sagen die Philologen inzwischen.

Barbara Glock-Steiff: Das wußte ich damals nicht, ich bin mit sehr gemischten Gefühlen heimgegangen und dachte, ja, prima, Legasthenikerin ist sie nicht, aber was ist sie dann? Ich habe keine Antwort gefunden. Von der Elterngruppe erfuhr ich dann von dem Polatest.

Saskia Steltzer: Den haben wir auch gemacht.

Barbara Glock-Steiff: Wir haben es dann mit einer Brille versucht.

Saskia Steltzer: Wir auch, die haben wir aber bald weggetan.

Barbara Glock-Steiff: Wir auch, es brachte nichts, und dann war die Hoffnung weg. Wir haben dann nichts mehr gemacht und alle *Überei* eingestellt. Wir hatten festgestellt, je mehr wir mit den Kindern üben, desto schlimmer wird es, die Fehler potenzierten sich durch das Üben noch …

Saskia Steltzer: Darüber habe ich mich auch immer gewundert.

Barbara Glock-Steiff: Inzwischen weiß ich, daß hochbegabte Kinder durch Üben eher verlernen. Das ständige Wiederholen eines Lernstoffes, den sie schon bei der ersten Anwendung begriffen haben, kann zu Irritation und Motivationsverlust führen. Dann machen sie Fehler. Zuerst nur Flüchtigkeitsfehler, dann immer mehr. Nun sind die ersten Schuljahre ja nur auf Üben ausgerichtet. Wenn die Hochbegabung nicht erkannt wird und das Kind immer weiter üben muß, können diese Fehler manifest werden, und sie werden dann als Lernstörung oder Lernschwäche eingeordnet. Wir hatten das Glück, daß die zuständige Psychologin in unserer Bildungsberatungsstelle die Zusammenhänge erkannte. Trotzdem ist es dann meist ein mühsamer Weg, bis man die entsprechenden Maßnahmen findet, damit das Kind seine Lernstörungen beheben kann. In der Fachliteratur wird davon ausgegangen, daß die meisten Lernstörungen bei hochbegabten Kindern durch Unterforderung kommen.

Unseren Sohn Phillip haben wir prophylaktisch vor Schuleintritt testen lassen, um zu vermeiden, das ganze Drama noch einmal durchlaufen zu müssen. Wir dachten, er sei das *normale* Kind. Wir waren dann ziemlich erstaunt, daß er auch hochbegabt war.

Dieses Mal sind wir mit der Psychologin zusammen zur Schule gegangen, um die Lage zu besprechen. Das war alles für die Katz. Nach drei Wochen wurde ich zum erstenmal in die Schule zitiert: das Kind säße in der Klasse, würde keinen Mucks sagen, eine besondere Begabung sei nicht abzulesen. Phillip hat sehr schnell lesen gelernt. Er hat mich gefragt, warum er in die Schule muß, er könnte doch durch das Fernsehen lernen, das sei viel eindeutiger. Der Einbruch kam im zweiten Halbjahr, als die Lehrerin schwer erkrankte.

Wir haben ihn auf eine Privatschule getan. Dort hat er eine Klasse übersprungen, das ging auch ohne Probleme bis zum ersten Diktat, das kein Mensch lesen konnte. Wir haben dann gedacht, es kommt vom Überspringen, er hatte ja die Schreibschrift nicht gelernt. Er konnte sie aber. Ich dachte, es fehlt ihm das Üben, die Lernphase. Die Schrift wurde aber immer schlimmer. Wir hatten also wieder das Thema Üben. Ich habe mit Phillip geübt und wiederum festgestellt: Je mehr ich mit ihm übe, desto schlimmer wird es. Daraufhin habe ich alle Überei eingestellt. Die emotionale Haltung spielte auch immer dabei eine Rolle, das habe ich beobachtet, konnte aber nichts damit anfangen. Die Schwankungen waren sehr kraß.

Dann kam wieder das Thema LRS. Und es kam wieder keine Hilfe. Hochbegabung und LRS, da wollte keiner einen Zusammenhang sehen. Die LRS wurde immer nur mit Mängeln, Störungen und Defekten in Zusammenhang gebracht. Ich sehe eigentlich nicht, daß meine Kinder große Defekte haben. Sie reagieren auf Umweltbedingungen anders auf Grund ihrer Hochbegabung, aber ich weigere mich einfach, nach diesen vielen Jahren, das als Defekt zu sehen.

Bei allen Lehrergesprächen, die ich hatte, war es immer so, daß sie kategorisieren wollten, entweder hochbegabt oder leserechtschreibschwach, aber beides zusammen geht offenbar in Deutschland nicht. Immer: entweder – oder! Tatsache ist, daß es *beides* ist.

Wir haben viel ausprobiert, aber keine effektiven Methoden gefunden.

Unser Familienleben war streckenweise unheimlich schwierig, die Nerven von allen lagen blank. Weil das Problem nicht greifbar war, wir keine gezielte Hilfe bekamen, und alles, was innerhalb der Familie noch funktionierte, war außen nicht tragbar.

Saskia Steltzer: Wie haben sich diese Jahre auf das Selbstwertgefühl Ihrer Kinder ausgewirkt?

Barbara Glock-Steiff: Das ist nach wie vor ein Problem. Das muß man auch unter dem Blickwinkel der Hochbegabung sehen: Hochbegabt heißt ja nicht nur, daß die Kinder sehr viel schneller lernen können, wenn sie wollen, sondern daß der emotionale Bereich sehr sensibel ist. Die Kinder nehmen schon in sehr jungen Jahren sehr viel wahr, auch an Emotionen, die im Raum sind. Sie haben

besonders sensible Antennen. Die Kinder reagieren deshalb anders. Durch die hohe Sensibilität sind sie auch sehr verletzbar.
Friederike hat sehr früh die Erfahrung des Mobbings machen müssen. Das mit anzusehen war für mich sehr schmerzhaft, und es war schwer, sie aufzufangen. Das ging nur über Streßstrategien, Friederike hat beispielsweise ab der vierten Klasse die Feldenkraismethode gelernt. Inzwischen hat sich das stabilisiert, sie hat Entspannungsmethoden an der Hand.

Saskia Steltzer: Was passierte mit Ihnen, haben Sie Verständnis gefunden?

Barbara Glock-Steiff: Ich selbst bin ignoriert worden, ich wurde zur Außenseiterin. Mir wurde natürlich auch meine freiberufliche Tätigkeit vorgeworfen. Ich wußte streckenweise, gerade am Anfang, überhaupt nicht mehr, was richtig oder falsch ist. Ich war sehr irritiert. Heute weiß ich, meine Kinder sind richtig, und die Umgebung muß das akzeptieren. Das wichtigste im Umgang mit den Kindern und mit sich selber ist Wahrhaftigkeit. Wenn man die aufgibt, gibt es sofort wieder Probleme.

Saskia Steltzer: Was raten Sie Eltern, die in die gleiche Situation geraten?

Barbara Glock-Steiff: Eltern sollten sich ganz stark auf ihr eigenes Gefühl und Wissen, auf ihr Kind verlassen und auch zu dem Kind stehen. Sie lassen sich häufig durch Kindergarten und Schule irritieren. Sie sollten ihre Kinder emotional stützen, sie nicht allein lassen, auch nach außen hin nicht, sondern in der Schule dafür einstehen. Was die Schule betrifft, ist es wichtig, sie testen zu lassen, weil Lehrer etwas in der Hand haben müssen, was amtlich ist.

Saskia Steltzer: Konnten Sie erfahren, ob das Thema Hochbegabung in der Lehrerausbildung vorhanden ist?

Barbara Glock-Steiff: Das Thema Hochbegabung ist, soweit ich informiert bin, in der pädagogischen Ausbildung nicht enthalten, in der zweiten Phase der Lehrerausbildung, im Referendariat, gibt es das Thema auch nicht. In diesem Jahr wurde in Baden-Württemberg die erste Lehrerfortbildung zu diesem Thema initiiert. Es wird immer noch davon ausgegangen, wenn jemand so intelligent ist, wird er Wege finden und müßte nur Einser schreiben. Das ist nicht so. Die Kinder, so glaube ich, müssen sich ständig *runterbremsen,* um mit und innerhalb der Norm zurechtzukommen. Durch das *Runterbremsen* kommen die Störfälle.

Hochbegabung, wenn man es als Problem sehen will und nicht als Qualität, wurde totgeschwiegen. In letzter Zeit wird es zum Thema. Es ist auch niemand ausgebildet, mit dieser Art Kinder umzugehen, die von der Norm abweichen. Diese sogenannte Legasthenie, egal wie man sie definiert, ist für mich und in unserem Fall ein Nebeneffekt der Hochbegabung.

Reise durch die Welt der Legasthenie

»Die Sinne erschließen dem Menschen die Welt. Doch sein Welt-Bild entsteht erst in einem komplexen Prozeß von Filtern und Gewichten, Denken und Fühlen. Deshalb gibt es so viele Wirklichkeiten, wie es Menschen gibt«[50], schreibt der Mathematiker, Physiker und Biologe Ernst Peter Fischer. Er beschreibt, wie folgenschwer die neuzeitliche Spaltung in Kenntnis und Wahrnehmung war. Wissenschaftler haben bei der Erforschung von Wirklichkeit immer mehr

Distanz zum sinnlichen Erleben geschaffen, sich auf das technisch Meßbare konzentriert und das Sinnliche den Dichtern überlassen.

> »Doch die Wahrnehmung hat mehr Aufmerksamkeit verdient. Denn es ist eben nicht einfach Abbildung, sondern ein aktiver Vorgang, durch den das Bild der Welt in unserem Kopf aufgebaut wird, und er geschieht, noch ehe das Denken beginnt. Die *kognitive Landkarte* im Kopf mag zwar allen gemein sein – aber womit diese im Detail ausgefüllt wird, ist von Individuum zu Individuum ganz verschieden. Jeder Mensch hat seine eigene Wirklichkeit, die sich von der aller anderen Menschen unterscheidet.«[51]
>
> *Ernst-Peter Fischer*

Diese Sichtweise öffnet eine Tür, Wahrnehmung aus einer anderen Perspektive wahrzunehmen. Denn betroffene Eltern werden permanent mit dem Begriff *Teilleistungsschwäche* konfrontiert. Im allgemeinen wird definiert, daß bei einer *Teilleistungsschwäche* Störungen in der Wahrnehmungsverarbeitung vorliegen. Dabei stellt sich immer wieder die Frage: Wie wird eine Störung von Wahrnehmung überhaupt definiert, wenn keine offensichtlichen physischen Mängel diagnostiziert werden können? Und wie wird sie gemessen? Im allgemeinen reicht es kaum aus, sie über Symptome zu definieren. Auch die Tatsache, daß es sich bei Legasthenikern um eine Minderheit von *nur* zehn bis fünfzehn Prozent (weit über eine Million) handelt, kann wohl kaum die Begründung dafür sein, daß eine *Störung* der Wahrnehmung angenommen wird.
Daß bei Legasthenikerinnen und Legasthenikern etwas

anders abläuft, ist offensichtlich. Warum kann man dann konsequenterweise nicht einfach von einer *anderen* Wahrnehmungsweise sprechen und nicht von einer *gestörten?* Das wäre ein großer Fortschritt für den Umgang im Alltag, ein konstruktiver Weg, die Kinder vor Stigmatisierung in der Schule und vor Ausgrenzung besser zu schützen. Das Anderssein macht den anderen vielleicht zunächst auch angst, aber die Kinder sind tatsächlich anders. Und es liegt an uns Erziehern, allen unseren Kindern zu vermitteln, *jeder* ist *anders.* Bewußt zu machen, daß es nicht nur *eine* Wahrnehmungsweise gibt, wäre aus meiner Sicht weit hilfreicher, als diese Kinder über die Begriffe *Störungen, Schwächen* oder *Defekte* zu klassifizieren.

Im folgenden habe ich Impressionen über Fähigkeiten, Eigenschaften, Verhaltensweisen und Gefühle festgehalten und zusammengefaßt. Sie sind ein Resümee meiner Erfahrungen mit Legasthenikern, die ich aus den vielen Gesprächen mit Betroffenen und aus meiner Beschäftigung mit der Literatur gesammelt habe.

Intelligenz und Denken

In der Literatur zum Phänomen Legasthenie sowie auch in Gesprächen und Interviews mit Fachleuten habe ich immer wieder die Feststellung gefunden, daß Legasthenikerinnen und Legastheniker in der Regel durchschnittlich bis überdurchschnittlich intelligent sind. Die positiven Seiten der Legasthenie werden allerdings selten gesehen, und es gibt noch viel Widerstand gegen den Gedanken, daß Legasthenie eine Talentseite haben könnte oder eben einfach durch eine andere Wahrnehmungsweise ausgelöst sein könnte.

Es wurde festgestellt, daß Kinder mit einem sehr hohen IQ allgemein Schwierigkeiten beim Schreibenlernen und bei der Teilnahme an Spielen und Aufgaben zeigen, welche eine gute Koordination zwischen Nerven und Muskeln verlangen.

»Es scheint, daß in der Schnelligkeit ihrer geistigen Vorgänge und in ihrem hohen Niveau die Gründe für Ungeduld zu suchen sind, wenn eine zu erwerbende Gewohnheit Präzision (d. h. Geduld) und eine gewisse, das Sprudeln ihrer Ideen hemmende Langsamkeit verlangt.«[52]

Die Fähigkeit, mit allen Sinnen zu denken, ermöglicht manchen Kindern schon früh, Wahrnehmungsveränderungen als Realität zu erfahren. Sie können sozusagen abtauchen wie in eine virtuelle Realität. Viele Kinder, mit denen ich gesprochen habe, haben mir von solchen Erfahrungen berichtet. Sie hatten klare Erinnerungen an dieses *Abtauchen* vor allem aus der Grundschulzeit, »es kam von selbst und ging wieder weg«.

Neugier/Wißbegierde

Einstein sagte über sich selbst, daß er kein besonderes Talent habe, daß er lediglich extrem neugierig sei. Eine besonders intensiv ausgeprägte Neugierde ist nach meiner Erfahrung auch eine der charakteristischsten Eigenschaften mancher legasthenischer Kinder. Neugierde ist sozusagen der Motor zum Wissen. Neugierige Kinder sind nicht so pflegeleicht, sie wollen Zusammenhänge selbst herausfinden, glauben nicht einfach, was ihnen beigebracht wird. Sie wollen selbst experimentieren, ihre Erfahrungen machen, um Abläufe zu akzeptieren. Das kann für Eltern jüngerer Kinder ganz schön nervig sein: Hat man sie mal kurz allein gelassen, ist der neue Staubsauger vielleicht schon auseinandergebaut, etc.

Phantasie/Sinne

Ebenso wie sie außergewöhnlich neugierig und wißbegierig sind, haben legasthenische Kinder besonders viel Phantasie, Ideen, sie experimentieren viel, und sie träumen. Christoph ist es nie schwergefallen, Ideen zu entwickeln. Wenn er irgendwelche Materialien in die Hand bekam, hat er sie sofort in Objekte umgesetzt. Christoph war mit seinen Eltern oft in den Sommerferien im Weserbergland, wo es viele Raubvögel gab: Falken, Bussarde und auch Milane. Er erzählt, daß es ihm als Kind viel Spaß gemacht hat, mit diesen Vögeln zu fliegen.

> »Ich bin mitgeflogen. Oft war morgens um sieben eine einzige Wolkendecke über dem Tal, du konntest das Tal nicht mehr sehen. Wenn ich mich an die Böschung gestellt habe, dann hatte ich so nichts mehr um mich, dann kam die Vorstellung, was ein Vogel erlebt, wenn er durch die Luft fliegt ...«

Er erklärt, daß er in solchen Augenblicken sozusagen alle Sinne auf einmal erlebt: Fühlen, Wahrnehmen, Denken, Vorstellen und Verstehen sind für einen Moment *eins* und lösen einen kurzen Schwindelanfall aus: ein Phänomen, das für Menschen mit einem dreidimensionalen Bild-Denkvermögen der normale Alltag ist.

Legastheniker berichten oft von ihren Erfahrungen, in dreidimensionalen Filmen zu denken. Den meisten ist es nicht bewußt, weil es für sie offenbar selbstverständlich ist und oft beim *Wegträumen* passiert. Sie erzählen alle, wie selbstverständlich ihnen das Träumen ist und wie oft ihnen genau das vorgeworfen wird.

»Es kann mir leicht passieren, daß ich am Tag in dem Sinne tagträumerisch abdrifte und daß mir dann Dinge verständlich, präsent und auch eindeutig erscheinen, die schwer kommunizierbar sind. Sprache als Form der Kommunikation bindet in dem Kommunizieren über die Sprache natürlich gleichzeitig an die Syntax, die Sprachregeln. Das Tagträumen ist ein innerbildliches Erleben.«

Arnes

Schreiben und Lesen

Schreiben und Lesen sind die größten Probleme von Legasthenikern. Hier wird die negative Seite der Legasthenie am deutlichsten sichtbar. Bekommen Legastheniker nicht frühzeitig konstruktive Hilfe, hat das tiefgehende Auswirkungen auf ihre gesamte Existenz.
Oft merken Begleiterinnen und Begleiter nicht rechtzeitig, daß ihr Kind nicht lesen kann. Manche Kinder können Texte, die ihnen vorgelesen wurden, auswendig wiedergeben, so perfekt, daß gar nicht auffällt, daß sie nicht *wirklich* lesen. Das war bei Friederike und Christina der Fall. Eltern wundern sich, daß ihre Kinder nicht mit Freuden die Welt der Bücher entdecken und sich weigern zu lesen. Daß Lesen für sie eine Qual sein kann, darauf kommt man nicht.

»Ich konnte das damals nicht als anormal oder eigenartig sehen, sondern dachte, das ist einfach ein Teil dieses Lesens. Ich habe gedacht, das Lesen ist eben anstrengend und habe sehr lange die einzige Erklärung in meiner Faulheit gefunden. Ich konnte es weder als Störung oder als eine Eigenart von mir sehen, letztendlich konnte ich es nur mit Faulheit identifizieren, das war das einzige Feedback, was ich dafür bekam.«

Arnes

Wut/Frustration

»Das beste Wort, Schule für junge Legastheniker zu beschreiben, ist Frustration.«

Ronald D. Davis

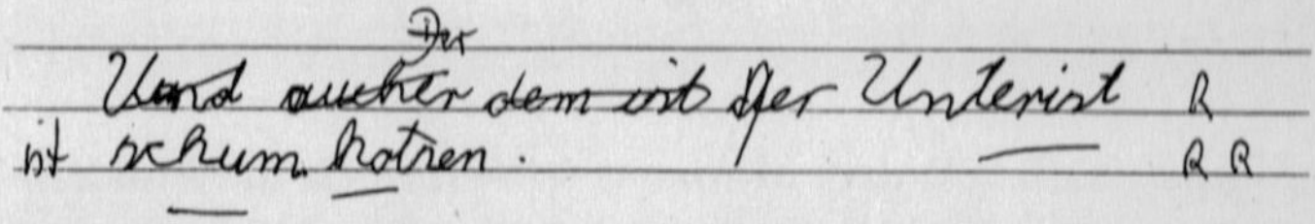

Kommentar eines Schülers aus der fünften Klasse in einer Deutscharbeit zur Frage: Was fällt dir zu »Schule« ein?

Für die betroffenen Kinder hat das weitreichende Konsequenzen. Denn daß sie Probleme haben, wird im Schriftbild sichtbar. Läßt man sie nun auch noch permanent fühlen, daß man sie für dumm hält, können ihre Begabungen zerstört werden. Legasthenische Kinder erfahren dies in der Schule.

»Sie brauchen keine Lehrer, die ihnen sagen, daß sie dumm sind – das *wußten* sie schon vorher, denn es ist für sie offensichtlich, daß ihre Denkweise nicht mit der Methode zusammenpaßt, in der sie unterrichtet werden.«

Ronald D. Davis

Verletzlichkeit/Selbstwert/Gefühle

Wenn legasthenische Kinder nicht frühzeitig Verständnis finden, erleiden sie existentielle Verletzungen, die ihr Selbstkonzept erschüttern. Sie müssen sich Schutzpanzer aneignen, um mit ihrem Anderssein in ihrem Umfeld zurechtzukommen. Sie können sich einerseits nirgends an binden, andererseits sich mit ihrer ganzen Energie auch nicht einfach totstellen.

Bis Legasthenie erkannt wird, ist das Selbstwertgefühl schon erheblich strapaziert.

Dazu ein Beispiel von einem Mädchen, das in der Aachener Beratungsstelle war:

> »Innerhalb von drei Monaten sprach mich die Mutter an, sie würde nicht verstehen, was los sei, die Probleme seien wie weggeblasen. Das war auch so, das Kind hatte immens viele Fehler in Diktaten, Tests oder Aufsätzen in der Schule und in der Beratungsstelle gemacht. Nach drei Monaten machte das Kind dann so gut wie keine Fehler mehr bei schwierigen Wörtern, Fremdwörtern, die einfach unbekannt waren. Es waren bestimmt nicht die konkreten Lerninhalte der Förderung, die diese enorme Leistungssteigerung bewirkt haben, sondern es müssen andere Dinge eine große Rolle gespielt haben, die vor allem im Bereich Stärkung des Selbstwertgefühls gelegen haben müssen. So schnell geht es leider nicht immer.«
>
> *Karl-Ludwig Herné*

Die negativen Aspekte der Legasthenie stehen noch immer im Vordergrund der Bewertung einer Person – das alte Vorurteil, daß im Kopf etwas nicht stimmt. Legastheniker müssen daher ihre Legasthenie verdrängen und sich dafür insgeheim schämen. Es ist ein verstecktes Geheimnis, von dem niemand wissen darf.

Strategien/Widerstand/Angst
Legastheniker sind gezwungen, Strategien zu entwickeln, um mit den Anforderungen des Alltags und dem, was ihnen oft ungerechterweise als Versagen vorgeworfen wird, fertig zu werden. Bekommen Sie keine Hilfe, mit ihrem individuellen Lernstil und Profil umzugehen, können die Strategien lebenslang zu zwanghaftem Verhalten führen. Das ist sehr anstrengend. Das Ausbildungssystem bietet Legasthenikern keine wirklichen Lösungen. Ein Legastheniker ist schon frühzeitig gezwungen, eigene Lösungen zu finden. Sie entwickeln Techniken, die das Lernen oder Behalten von Stoff verbessern sollen, die aber in Wirklichkeit den Lernprozeß verlangsamen und die Lernbehinderung hervorbringen und oft in zwanghaftem Verhalten enden. Viele Legastheniker blockieren sich damit selbst, was sie letztlich davon abhält, effektiv zu sein.
Arnes begann wie ein Topmanager im Alter von 14 Jahren, seine Tage durchzustrukturieren bis hin zum Zeitmanagement (sehr früh aufstehen, um sich auf alle Eventualitäten vorzubereiten etc.). Er hat dabei gelernt, im Lernen manipulativ zu sein, den Lehrer zu manipulieren. Das ist gar nicht so einfach und eine ganz langfristig angelegte Strategie. Obwohl er auf der einen Seite wahnsinnige Ängste und Probleme mit dem Lernen hatte, stand er unter Druck, der sich durch das viele Alleinlernen und Lesen aufgebaut hatte, und der, wie Arnes sich ausdrückt, »sich bei mir eben zu einer Strategie entwickelt hat: Ich mußte eben alles wissen und verstehen, daß ich nicht in die Not komme, mal schnell irgendwas parat haben zu müssen«.

Aus dem Gefühl heraus, nicht verstanden zu werden, immer *schuldig* zu sein, entsteht bei Kindern zum Teil großer Widerstand, der, wenn er sich erst verfestigt hat, nur durch gezielte Übungen und Gespräche wieder abgebaut werden kann. Dabei entwickeln viele Kinder selbstschädigende Strategien, um sich zu schützen, wie zum Beispiel Maxi: »Wenn man gekränkt wird, darf man nicht zuhören.« In der Regel provoziert das die anderen, sie sind sich über die vorangegangenen Verletzungen oft nicht bewußt, nur darüber, daß das Kind schon wieder nicht funktioniert. Im Schulalltag hat das in Maxis Fall dazu geführt, daß seine schlechten Leistungen zusätzlich mit Tadeln, Klassenbucheinträgen bis hin zu Klassenkonferenzen geahndet wurden.
Die Angst zu versagen kann Legastheniker lebenslang begleiten. Arnes ist dafür ein prägnantes Beispiel: Obwohl er ein ungeheures Wissen angespeichert hat, ist sein Leben von der Angst geprägt zu versagen. Arnes steht vor der Diplomprüfung. Diese Tatsache setzt ihn unter einen enormen Druck, da er keine Möglichkeit sieht, mit den Prüfern über seine Legasthenie zu sprechen. Da ist einmal die Angst, mißverstanden zu werden, auf Unverständnis zu stoßen, in die Rolle eines Bittstellers zu geraten. Ganz vehement weigert er sich, sonderbehandelt zu werden.

> »Ich weiß, daß von mir eine enorme Schreibleistung vollbracht werden muß, daß das eigentlich eigenständig für mich überhaupt nicht meisterbar ist. Die Schere ist größer und größer geworden. Der Computer hat noch mal neue Aspekte in der Bewältigung von Sprachleistung und Sprachproduktion gebracht, weil er dem Fehler nicht so eine große Wertigkeit wie das geschriebene Stück oder das mit Schreibmaschine gedruckte

Stück Papier mit sich bringt, weil die Korrektur sehr leicht möglich ist, eben auch die Entscheidung zu ordnen und aus Fragmenten dann weiterzuarbeiten. Der brachte ganz neue Bewältigungsstrategien, die mir erst mal wieder Mut und Hoffnung machten, auch größere Schreibprojekte eigenständig zu bewältigen. Denn dieses Ständig-auf-Hilfe-angewiesen-Sein ist ambivalent, man gerät immer auch in eine Abhängigkeit. In Lerngruppen habe ich das so manipulieren können, daß die anderen die Schreibarbeit machen und ich die Vortragsarbeit, das Schreiben war zum Glück immer beliebter als das Vortragen. Da entsteht natürlich immer wieder die Angst, wie jetzt vor der Diplomarbeit, schaffst du das? Das ist schon ziemlich grauenvoll.«

Arnes

Ordnung

Ein dauernder Streitpunkt zu Hause und in der Schule ist häufig die Unordnung. Fast alle Legastheniker hatten in bestimmten Altersstufen Probleme in dieser Richtung: Schultasche, Heftführung, Zimmer, Sachen verlieren, Termine vergessen, kein Zeitgefühl. Das Thema Ordnung kann äußerst nervig für alle sein. Was das im einzelnen heißt, das wissen Eltern nur zu gut.

Konzentration

»Sie oder er kann sich nicht konzentrieren, läßt sich leicht ablenken.« Dies ist einer der häufigsten Sätze, den legasthenische Kinder und ihre Begleiter in der Schulzeit zu hören bekommen. Hinzu können noch Phänomene wie Hyperaktivität, Koordinationsstörungen, mangelnder Orientierungssinn kommen.

Nicht lesen und schreiben zu können wird von Legasthenikern oft als lebensbedrohend empfunden. *Konzentration* darauf macht keinen Spaß. Kann ein Legastheniker mit *Aufmerksamkeit* den Stoff verfolgen, hat er Zugang zu einer Sache, ist das Lernen unproblematisch. In der Schule wird das Thema Konzentration permanent mißverstanden. Das Kind scheint dauernd in das, was man unter Konzentration versteht, gezwungen zu werden. Fast niemand versteht, daß es nicht funktionieren kann.

8
Survival für Eltern

Eure Kinder sind nicht eure Kinder.
Es sind die Söhne und Töchter
von des Lebens Verlangen nach sich selber …
Und sind sie auch bei euch,
so gehören sie euch doch nicht.
Ihr dürft ihnen eure Liebe geben,
doch nicht eure Gedanken.
Denn sie haben eigene Gedanken.
Ihr dürft ihren Leib behausen, doch nicht ihre Seele.
Denn ihre Seele wohnt im Haus von Morgen …
Ihr seid die Bogen, von denen eure Kinder
Als lebende Pfeile entsandt werden.

Kahlil Gibran[53]

Survival, ein großes Wort, denken wahrscheinlich diejenigen, die noch nicht persönlich mit dem Phänomen Legasthenie, ähnlich gelagerten Teilleistungsstörungen oder auch Hochbegabung konfrontiert worden sind. Eltern und Betroffene aber, die selbst in den Teufelskreis Zerstörung-Wiederaufbau-Selbstzerstörung geraten sind, werden bestätigen, daß die Konsequenzen für alle Beteiligten verheerend sein können.

In diesem Kapitel habe ich meine ganz persönlichen Erfahrungen zusammengefaßt. So subjektiv sie auch sein mögen, ich bin sicher, daß viele Eltern heute in der gleichen Situation sind, in der wir damals waren. Die meisten von ihnen werden ähnliche Wege durchlaufen müssen wie wir und viele andere vor uns. Ich wünsche mir, daß dieses Kapitel für die Eltern, die am Anfang eines solchen Weges stehen, eine Hilfe darstellt.

Legasthenie annehmen

In der Regel durchlaufen wir und unsere Kinder verschiedene Phasen, bis wir uns mit der Tatsache, daß uns »so etwas wie Legasthenie erwischt hat«, abfinden. In der *ersten Phase* wollen wir es nicht wahrhaben. Meistens wissen wir nichts über dieses Phänomen, wir wundern uns, wenn unser Kind plötzlich viele Fehler in der Rechtschreibung macht und ein einfaches Diktat voller Fehler schreibt. Wir haben es vielleicht als neugierig, intelligent, pfiffig erfahren, und nun das! Wie kann das sein? Wir fangen an zu üben und stellen fest, daß das Üben zu nichts führt. Wir verstehen die Welt nicht mehr, denken, das kann doch nicht so schwer sein, haben wir doch alle gelernt! Daß es möglicherweise auch Leseschwierigkeiten hat, stellen wir oft erst sehr viel später fest.

Normalerweise versuchen wir, das Problem zu Haue zu lösen, und es wird unruhig im Familienleben. Wird die Sache auffälliger, müssen wir mit der Grundschullehrerin sprechen. Kennt sie das Thema, haben wir Glück gehabt, kennt sie es nicht, beginnt die Stigmatisierung: Das Kind ist ein bißchen dumm. Meistens wissen wir, daß das nicht stimmt. Deshalb werden wir in der *zweiten Phase* mit Wut konfrontiert. Wir verstehen das Ganze nicht. Das Kind entwickelt möglicherweise schon Verhaltensauffälligkeiten, hat keine Lust mehr auf Schule, macht die Hausaufgaben nur zäh und schlampig. Wir können das nicht verstehen, werden ungeduldig, streiten uns, sind wütend auf das Kind, weil es nicht *funktioniert,* und auf die Schule, weil auch sie nicht funktioniert, denken vielleicht: Wie ist das möglich schon in der Grundschule, das Kind hat sich doch so darauf gefreut! Je nachdem, wie sich die LRS entwickelt, kommen wir irgendwann an die Grenze, wo wir etwas unternehmen müssen. Wir kommen dann in die *dritte Phase:* Wir können endlich handeln. Jetzt sind wir in der Lage, uns zu informieren, um die verschiedenen Tests zu durchlaufen wie Hörtest, Sehtest, Legasthenietest, Intelligenztest. Wir verhandeln mit Experten und befassen uns mit dem Thema. Lautet die Diagnose *Legasthenie,* kann das in die *vierte Phase* führen, in die Depression. Das Kind will »so etwas« nicht haben, und wir sind erschöpft: Warum mußte uns das nur passieren? Wir, als Begleiter, sind schon wieder herausgefordert, denn wir müssen nun unser Kind stützen, ihm vermitteln, daß das keine Krankheit ist. Sind wir in der Lage, das zu tun, können wir die *fünfte Phase* erreichen, nämlich Legasthenie anzunehmen. Das ist die wichtigste Phase, denn damit schaffen wir die Voraussetzung zum konstruktiven Umgang mit dieser Problematik. Wenn wir das geschafft haben, kommen wir in die *letzte Phase,* in die Phase der Hoffnung und Zuversicht. Sie ermöglicht uns, Wege, Auswege, Hilfen, Techniken oder Therapien zu finden.

Kooperationswege gehen lernen

Legasthenie löst bei allen Verwirrung aus. Wenn wir es geschafft haben, die Verwirrung für uns zu entwirren, werden wir in der Lage sein, zu kooperieren mit Schulen, externen Helfern, Ämtern usw. Für mich war dabei wichtig, mit meinen Gefühlen umgehen zu lernen. Ich war anfangs sehr verzweifelt, und Verletzungen haben mich genauso getroffen wie meinen Sohn. Ich fühlte mich den Ungerechtigkei-

ten hilflos ausgeliefert, den Bewertungen, wenn ich spürte, daß es kein Verstehen gibt und ich einfach abgestempelt wurde. Wie oft haben mich Wut, ohnmächtige Wut und das Gefühl von Ausweglosigkeit begleitet, und ich wußte nicht, wohin damit. Erst als ich am Ende war und nichts mehr kontrollieren konnte, habe ich loslassen können, habe ich mir sagen können, es gibt auch noch etwas anderes als Schule und Rechtschreibung in unserem Leben.
Erst dann bin ich sozusagen kooperations- und kommunikationsfähig geworden. Das war ein schmerzhafter Prozeß, eine Gratwanderung, auf der ich jederzeit hätte abstürzen können. Das Wichtigste im Umgang mit den Kindern und mit sich selber ist Wahrhaftigkeit. Das ist auch die Grundlage, Kooperationswege gehen zu können.

Verständnis und Solidarität

Das Allerwichtigste ist die Wiederherstellung des Selbstwertgefühls bei unseren Kindern. Denn das ist inzwischen angeschlagen. Sie brauchen in erster Linie uns Eltern, denn wer sollte ihnen sonst Rückendeckung geben? Eltern kennen auch die positiven Seiten ihrer Kinder, ihre Stärken. Wir müssen unsere Kinder verstehen lernen, neu kennenlernen, so wie sie sind. Bringen wir Verständnis auf und zeigen ihnen, daß wir sie lieben, so wie sie sind, also ohne Bedingungen, werden sie sich auch öffnen können. Wir kommen mit ihnen ins Gespräch. Das ist für beide Seiten wichtig und kann sehr fruchtbar sein. Wir schaffen damit ein Vertrauensverhältnis. Kinder spüren das und sind dankbar, wenn sie sich bei uns geborgen fühlen. Sie brauchen, genau wie wir, Zeit, mit dem Phänomen Legasthenie und ihren Auswirkungen konstruktiv umgehen zu lernen. Sie sind meistens noch sehr jung und darauf angewiesen, daß wir ihnen Hilfe und Methoden der Streßbewältigung und Entspannung an die Hand geben. Sie brauchen die Erfahrung, daß sie o. k. sind, daß sie intelligent sind, daß jeder Mensch anders ist und daß ihre diagnostizierte *Schwäche* gleichzeitig auch Stärken hat. Sie brauchen Methoden und Training, mit dem negativen Feedback fertig zu werden, sonst ist die Gefahr groß, daß sie im Leben scheitern. Sie brauchen unsere Wärme, denn sie müssen sehr früh Toleranz lernen, weil sie häufig falsch eingeordnet, verletzt und ungerecht bewertet, nicht verstanden und in eine Schublade gesteckt werden, gegen die sie sich schwer wehren und verteidigen können, solange sie noch jung sind. Ebenso wichtig aber ist, daß sie lernen, sich zu wehren, zu ihrer Persönlichkeit zu stehen.

Änderung des Blickwinkels

Wenn es uns gelingt, das Phänomen Legasthenie neu zu denken, bringt es uns ein großes Stück aus dem schulischen Alltag heraus, der uns allzuoft über schlechte Noten oder disziplinarische Maßnahmen begegnet und eine Familie in Verzweiflung und großen negativen Streß versetzen kann. Wenn wir trotz aller Verwirrung, die dieses Phänomen auslöst, trotz aller wissenschaftlichen Auseinandersetzungen, was nun richtig oder falsch ist, zu unserem gesunden Menschenverstand zurückkehren können, Vertrauen in unsere eigenen Kinder haben, die wir ja am besten kennen, und zu uns selbst, sind wir in der Lage, auch die positive Seite zu sehen. Dann öffnen sich Wege und Möglichkeiten. Wenn wir nur dem negativen Feedback Glauben schenken und unsere Kinder nicht in der ihnen eigenen Weise akzeptieren und verstehen lernen, wird unser Leben von Problemen beherrscht, die wir kaum lösen können. Hinter Legasthenie kann sich auch eine besondere Begabung verbergen, was uns eine andere Perspektive geben kann, unsere Kinder gezielt zu stärken. Das wiederum motiviert die Kinder, läßt sie ihren eigenen Wert spüren und macht es wesentlich leichter, mit Schwächen umgehen zu lernen. Wir müssen also in der Lage sein, Normen kritisch zu hinterfragen, Legasthenie aus einem anderen Blickwinkel zu betrachten.

> »Es ist, als hättest du einen Edelstein, der an einer Facette falsch geschliffen wurde. Wir schleifen die Facette nach, der Edelstein bleibt aber der gleiche. So ist es auch bei der Legasthenie, sie hat die negative Seite und andere Seiten mit all den positiven Aspekten. Wir schmeißen den Edelstein nicht weg. Wir behalten ihn. Wir verändern nur die falsch geschliffene Facette. Wenn wir die negative Seite verändern oder beseitigen, kommen die positiven Aspekte zur Geltung. Und weil wir dann nicht mehr mit der negativen Seite kämpfen müssen, haben wir mehr Zeit, unsere Aufmerksamkeit auf die positive Seite zu lenken.«
>
> *Ronald D. Davis*

Raus aus der Opferrolle!

Wir sind keine Opfer, und wir müssen uns auch nicht zu Opfern machen lassen! Wir sind vielleicht anfangs hilflos, weil unser Leben außer Kontrolle gerät und wir nicht überschauen können, was los ist. Wir haben aber gute Chancen, auf eigenen Beinen zu stehen und uns nicht auf Dauer einer ungerechten Situation ausgeliefert zu fühlen. Auch wir können lernen, uns wieder auf unsere eigenen Stärken zu besinnen. Wir brauchen sie, wir brauchen das Mitgefühl mit uns selbst und nicht durch andere. Wir sind es, die herausgefordert sind, niemand kann uns das abnehmen. Solange wir in der Opferrolle verharren, finden wir keine Auswege, wir warten auf Hilfe, die nicht kommt. Wir sind gefordert, selbst Verantwortung zu übernehmen. Dann haben wir Möglichkeiten, die Dinge aus neuen Perspektiven zu sehen und Hilfe anzunehmen. Ein Allheilmittel bzw. eine Universallösung gibt es allerdings nicht. Dazu ist das Thema zu komplex.

Konstruktive Vermittlerrolle

Ich habe oft darüber nachgedacht, warum Kommunikation in der Schule für mich so schwer war. Berufsbedingt bin ich zwar geschult, aber wenn ich in die Schule muß, spüre ich die unausgesprochenen Bewertungen unseres Falls. Inzwischen habe ich mich davon erholt und bin in der Lage, eine konstruktive Vermittlerrolle einzunehmen. Kommunikation mit der Schule ist sehr wichtig, das müssen wir lernen. Als Begleiterinnen und Begleiter sind wir damit konfrontiert, uns beide Seiten anhören zu müssen, die Wahrnehmungen der Kinder und die Wahrnehmungen von Lehrerinnen und Lehrern, wir bewegen uns genau dazwischen. Mein Ziel war es, zwischen beiden *Parteien* eine Moderatorinnen- und Vermittlerrolle einnehmen zu können. Verletzungen tragen alle davon, auch Lehrerinnen und Lehrer. Souveränität und Kompetenz können bedrohliche Entwicklungen entschärfen. Das erfordert Geduld, Distanz und das Verstehen verschiedener Realitäten. Der Erfahrungsaustausch mit Betroffenen und Fachleuten ist eine große Hilfe, auch um Entscheidungen zu treffen, wenn Situationen so festgefahren sind, daß neue Lösungswege gefunden werden müssen. Damit schaffen wir uns ein Netz, das uns auffängt und handeln läßt, das uns aus Passivität, Selbstmitleid und negativen Reaktionen befreien kann.

Es kann ein langer Weg sein und erfordert Wissen, Erfahrung und Sicherheit, mit dem Phänomen Legasthenie umzugehen. Wir Begleiter müssen erst einen Prozeß durchlaufen, um uns diese Fähigkeiten anzueignen. Zuerst müssen wir unser Kind verstehen lernen. Das ist das Allerwichtigste. Dann brauchen wir professionelle Unterstützung von außen. Und wir brauchen auch den Erfahrungsaustausch mit Menschen, die mit dem gleichen Phänomen konfrontiert sind, damit wir spüren, daß wir nicht allein sind. Das alles stärkt uns im Umgang mit der Schule, ermöglicht uns, Distanz zu wahren und selbstbewußt aufzutreten, für die Belange unserer Kinder einzustehen. Erst wenn wir ein tieferes Verständnis für diese Problematik entwickelt haben, können wir unseren Kindern helfen. Wir können eine Vermittlerrolle einnehmen zwischen unseren Kindern und der Schule und umgekehrt. Dann öffnen sich Wege und manchmal auch ein Lehrerherz.

Außerschulische Unterstützung

Es entlastet enorm, sich außerschulische Unterstützung zu suchen, vor allem im Umgang mit der Schule eine neutrale Person zur Seite zu haben. Denn Begleiterinnen und Begleiter sind emotional erregt und finden nicht immer die passenden Worte, um die Rechte der Kinder in den Schulen durchzusetzen. Fachleute aus Instituten und Beratungsstellen bieten an, mit Lehrerinnen und Lehrern zu sprechen. Weil sie emotional nicht so beteiligt sind wie Eltern, können sie die Problematik viel besser vermitteln. Vor allem bei Lehrkräften, die von dem Problem nichts wissen wollen, die den Kindern unterstellen, sie seien dumm und faul. Da kann ein neutraler Berater oft mehr für die Kinder erreichen als Eltern.

Das größte Problem für alle Beteiligten ist und bleibt der Umgang mit dem Phänomen Legasthenie im Schulalltag. *Outet* man sich, *outet* man sich nicht? Beides ist schwierig. Der ständige Kampf um das Selbstwertgefühl des Kindes spielt sich zwischen Schule und Elternhaus ab. Das Selbstwertgefühl wächst wie eine äußerst empfindsame Pflanze. Obwohl durch konstruktive Ansätze leicht motivierbar und lernbegierig, ist die aufkeimende Sicherheit eines legasthenischen Kindes sehr labil. Oft genügt schon eine unbedachte Äußerung eines einzigen Lehrers und völlige Demotivation, Frustration und Verweigerung sind die Folgen. Begleiter können sich durch Hilfe von außen entlasten. Sie brauchen das. Lehrerinnen und Lehrer sind dann ebenfalls entlastet, die Verantwortung ist von ihren Schultern genommen, sie können sagen: Ein Experte ist dabei.

Den Erlaß thematisieren

Um mit dem Erlaß der Kultusminister umzugehen, ist es ratsam, sich im jeweiligen Bundesland mit dem Landesverband Legasthenie in Verbindung zu setzen. Dort finden Sie Beratung, Erfahrung und Rückendeckung. Sie müssen sich erst einmal selbst mit diesem Werk auseinandersetzen, bevor Sie Lehrerinnen und Lehrer in der Schule auf die Möglichkeiten eines anderen Bewertungsschemas aufmerksam machen. Der Erlaß bietet Spielraum dazu, liegt im allgemeinen den Schulen vor, ist aber dennoch relativ unbekannt.

Der Landesverband NRW zum Beispiel stellt neben allgemeinem Informationsmaterial auch Texte zu den Bewertungskriterien in Deutsch und in den Fremdsprachen, Kommentare zum Umgang mit dem Erlaß sowie den Originaltext des Erlasses zur Verfügung. Hinweise dazu finden Sie im Anhang dieses Buches. Ist Ihr Kind getestet und die Schule hat darüber eine Bescheinigung, gibt es keinen Grund, den Erlaß nicht zur Anwendung zu bringen. Das erfordert natürlich Gespräche mit den entsprechenden Fachlehrerinnen und -lehrern. Das wiederum setzt Aufgeschlossenheit voraus, was allerdings leider von der Persönlichkeit der jeweiligen Lehrkraft abhängig ist. Manchmal ist es gut, auch mit der Schulleitung ein Gespräch darüber zu führen.

Selbstverantwortung

Überträgt man legasthenischen Kindern Verantwortung, klappt das in der Regel gut. Dadurch, daß sie sich so schwer der Norm anpassen, werden sie meist gar nicht erst gefragt. Sie gelten als chaotisch, und so schreibt sich das Urteil fest: »Mit dem lieber nicht, weil der sowieso alles vergißt oder alles liegenläßt …« Wenn man dem Kind jedoch eine Chance gibt oder mehrere, funktioniert es meistens sehr gut. Gerade in der Schule wäre so eine Integration hilfreich, weil das Kind sich dann integriert fühlt und nicht ausgeschlossen. Den Weg zur Selbstverantwortung halte ich für wichtig. Haben wir sie mit *Werkzeugen* ausgestattet und mit unserer Solidarität, dann müssen wir sie auch laufen lassen, daß sie ihre eigenen Erfahrungen machen können. Ebenso müssen sie die Konsequenzen ihrer Handlungen tragen lernen, das geht nur durch Erfahrung. Selbstverantwortung stärkt das Selbstbewußtsein, sie fühlen sich ernst genommen.

Ausgleich schaffen

Legastheniker haben oft beachtliche Stärken und Energien. Wird ihre Energie nicht durch ständige Auflagen wie: »Zuerst mußt du noch ein Diktat schreiben und überhaupt, bring erst mal gute Noten nach Hause, dann darfst du vielleicht in den Sportverein« gebremst, finden Legastheniker meist außerhalb der Schule Ausgleich für die Frustration, die sie dort erleben. Ausgleich zu schaffen und sie in ihren Talenten zu bestärken ist sehr wichtig zur Stabilisierung des Selbstwertgefühls beim legasthenischen Kind. Das kann auf sportlichen, künstlerischen, technischen Gebieten sein, da gibt es viele Möglichkeiten. Ausgleich relativiert den Schulalltag und bringt ein positives Feedback in das Leben des Kindes. Oft suchen sie von selbst danach, weil sie vielseitig interessiert sind.

Grenzen setzen

Das ist nicht einfach. Wenn wir mit einem legasthenischen Kind ein dramatisches Rennen durch ein ungerechtes Bewertungssystem hinter uns gebracht haben, haben wir sehr viel gelernt: Management, Informationsverarbeitung, Kommunikation, Strategien, Techniken und vieles mehr. Wir haben für das Kind gekämpft. Dabei dürfen wir nicht vergessen, daß Kinder auch Grenzen brauchen, um sich an ihnen zu reiben und zu lernen und um über Dinge und Ereignisse nachdenken zu können. Wir müssen ein Gespür dafür entwickeln, wann wir die Grenzen setzen, wo sie hingehören und wie, also in welcher Form. Unsere Kinder brauchen Rückendeckung, aber auch Herausforderung. Sie wollen gefordert werden. Werden sie in Watte gebettet, geht das Leben an ihnen vorbei, sie werden erfahrungsarm und passiv.

Das Problem loslassen

Das Schwierigste im Leben ist das Loslassen. Das betrifft insbesondere uns Mütter. Beinahe unbemerkt, jedenfalls für uns nicht bewußt, sind wir zur zentralen Erziehungsinstanz, zur exklusiven Mittlerin, zur Anwältin zwischen unserem Kind und der Welt, sind wir *unersetzlich* geworden. In keinem anderen Land wird die Betreuung durch Dritte so verschmäht wie bei uns. Alleinerziehende, berufstätige Mütter stehen dabei auf der untersten Skala, das ist klar. Geht etwas schief, sind wir die *Alleinschuldigen.* Schuldgefühle werden alle Mütter kennen, wir sind der Spiegel unserer Familienstruktur. Wir selbst werden von der *Gesellschaft* im Stich gelassen, dabei sind Kinder ihr wichtigstes Potential.[54]
Die Bürde der Verantwortung, die auf unseren Schultern liegt, nehmen wir oft gar nicht mehr bewußt wahr, sie ist uns selbstverständlich geworden. Als Mütter lernen wir, die Kontrolle über Dinge zu übernehmen. Geschiedene Mütter mit legasthenischen Kindern, das habe ich in zahlreichen Anrufen erfahren, bekommen häufig die Schuld zugewiesen, ausgesprochen oder unausgesprochen. Es ist schwer, Schuldgefühle, Kontrolle über andere und Manipulation aufzugeben, loszulassen. Loslassen heißt, erkennen, daß wir weder ein Problem lösen noch einen Menschen ändern oder ein gewünschtes Resultat erzielen können, wenn wir uns krampfhaft darum bemühen. Das Festhalten an alten

Vorstellungen hilft uns nicht, hindert uns oft daran, das zu erreichen, was wir uns wünschen oder vorstellen. Loslassen befreit uns.[55] Wir können in schweren Zeiten wachsen, wir müssen nicht untergehen, wenn wir uns Zusammenhänge klarmachen, uns Hilfe durch Entspannungs- oder Streßbewältigungsmethoden suchen. Sonst verlieren wir unser eigenes Leben, können es nicht mehr selbst bestimmen. Es ist für uns wichtig, das Problem auch loslassen zu können, damit wir Kraft tanken, um es durchzustehen.

9
Vision aus Kunst und neuen Medien

Innerhalb großer geschichtlicher Zeiträume verändert sich mit der gesamten Daseinsweise der menschlichen Kollektiva auch die Art der Sinneswahrnehmung.

Walter Benjamin

Es wird interessant sein, die Komplexität und Andersartigkeit von Wahrnehmung, insbesondere auch bei Legasthenikern und Hochbegabten, zu ergründen. Dabei wird auch eine Zusammenarbeit mit Künstlern hilfreich sein.

Bereits zu Beginn dieses Jahrhunderts hat der Künstler Marcel Duchamp die herrschende wissenschaftliche Norm immer wieder in Frage gestellt. Indem er sich intensiv mit den Bedeutungsinhalten von Schrift und Sprache auseinandersetzte, ließ er die Mauer zwischen den Welten von Wort und Bild einbrechen. Für ihn wurde alles, was in der dreidimensionalen Welt existiert, zur »Projektion«, »Abbildung« und zum »Reflex«. Für ihn ist die Wahrnehmung des Menschen in erster Linie ein Projektionsproblem: Der Verstand erfaßt immer nur die Erscheinung der Dinge, die Wirklichkeit an sich aber läßt er prinzipiell nicht erkennen.

Die Kunst hat in gesellschaftlichen Umwandlungsprozessen immer eine wesentliche Rolle eingenommen und wird auch hier Räume öffnen, die für andere Sichtweisen sensibilisieren, unabhängig von der herrschenden Denknorm.[56] Unter Künstlern finden sich nämlich viele Legastheniker. (In diesem Buch sind wir bereits Samy Molcho, Christoph Liesendahl und Ron Davis begegnet.) Der australische Künstler

Simon Penny (Professor für Arts and Robotics an der Carnegie Mellon University in Pittsburgh/USA) bestätigte mir dies in beeindruckender Weise: Als er die Kunsthochschule beendete, hatten sich 20 Absolventen zusammengeschlossen und ein Studio gegründet. Penny stellte fest, daß 17 von den 20 Künstlern Leseschwierigkeiten oder ähnliche Probleme hatten! Simon Penny ist selbst Legastheniker. Er studierte Kunst. Seine überdurchschnittlichen Wahrnehmungstalente – sowohl die Bewegungsfähigkeit im dreidimensionalen Raum als auch dreidimensionales Erinnerungsvermögen – führten zu seiner erfolgreichen Karriere.
Kreativität und Phantasie sind der Rohstoff des 21. Jahrhunderts, schreiben die »Research Artists« Monika Fleischmann und Wolfgang Strauss[57], die auf dem Gebiet Kunst und Technologie forschen. Weiter führen sie aus, daß gerade visionäre Inhalte und kreative Konzepte die Schlüsselkompetenzen im zukünftigen und schon begonnenen globalen Wettbewerb sind und sein werden, da sie einen veränderten Blick auf Wirtschaft, Gesellschaft und Kultur ermöglichen. Wir brauchen unterschiedliche Denker und neue Strukturen, die Zusammenarbeit von Künstlern, Wissenschaftlern und Technikern. Komplexe Zusammenhänge werden in Zukunft möglicherweise in Teams mit ganz unterschiedlichen Denkstilen bearbeitet und gelöst werden.[58]
Hinzu kommt, daß der Umgang mit digitalen Medien unsere gewohnte Vorstellung von den Dingen und die Anforderung an unsere Wahrnehmungsverarbeitung verändern wird. Durch die technische Innovation im Multimediabereich[59] erfolgt zur Zeit eine erneute bzw. erweiterte Sensibilisierung für die Vielschichtigkeit von Wahrnehmungsstrukturen[60], was sich in der High-Tech-Kunst widerspiegelt: Durch die Verschränkung von physikalischen Raum- und

computergenerierten Bilderabfolgen wird in einer bis dahin nicht nachvollziehbaren Virtualität bildhaftes Denken visualisiert. Die Techniken der Virtuellen Realität antizipieren einen Betrachter in Bewegung[61], der sich im Bild befindet. Dynamik und permanente Veränderung sind die wesentlichen Merkmale interaktiver Medien, wobei die Illusion auch den Betrachter erfaßt. Seine Bewegung und sein Standort im Raum bestimmen Perspektive und Sichtweise. Er ist in der Illusion. Damit gehören lineare Räume mit statischer Perspektive und festen Betrachterstandpunkten der Vergangenheit an. Bilder werden zu grenzenlosen virtuellen Räumen. Der Raum ist nicht mehr Ort, sondern Weg.

Dies alles läßt erahnen, wie dramatisch Wissensvermittlung im Wandel begriffen ist. Heute kann niemand genau einschätzen, welchen Stellenwert die Schriftsprache in dem neuen Medienzeitalter überhaupt noch haben wird. Wir befinden uns bereits in einem revolutionären Umwandlungsprozeß, was den bisher zugewiesenen Stellenwert des geschriebenen Wortes betrifft, nämlich Voraussetzung zu sein, Wissen anzusammeln. Schon heute hat das Bild eine ganz neue Wertigkeit bekommen. Sicher ist, daß es über den Computer auch massiv in den Schulalltag einziehen wird. Es verändert das Lernen. Das wird auch von Politikern gesehen, z. B. von Martin Bangemann:

> »… zweifellos wird auch die Informationsgesellschaft ihre Kultur entwickeln – wenngleich eine andere als die tradierte. Wir leben in einer Buchstabenkultur; unser Lernen, unser Wissen, unser Forschen bezieht sich auf die Schrift. Die neue Kultur ist hingegen – soweit sie sich schon abzeichnet – weitgehend eine der Bilder,

die auch eine andere Art zu denken erfordert. Die Schulen verweisen auf Erfolge mit darauf basierenden neuen Lehr- und Lernmethoden. Es gibt interessante Untersuchungen, wonach bisher schlechte Londoner Schüler plötzlich exzellente Leistungen zeigten: Ihre Intelligenz wurde offenbar durch die Schriftkultur nicht angesprochen, während das neue Modell sie gefördert hat.«[62]

Mit ungeheurer Geschwindigkeit scheint das Bild zum dominanten Daten- und Informationsträger zu werden. Das wird nicht ohne Einfluß auf die Definitionen der Norm von »Denken« und »Wahrnehmungsverarbeitung« bleiben. Wenn Ronald Davis damit recht hat, daß Legastheniker primär in Bildern denken und darin sogar ihre besondere Begabung liegt, würde das, was heute noch meist als Defekt, Wahrnehmungsstörung etc. eingestuft wird, morgen vielleicht umgekehrt als Qualität eingestuft werden. Man könnte sich dann sogar ironischerweise vorstellen, daß wir uns zukünftig mit einem neuen Phänomen herumplagen müssen, der »Imagasthenie« (von lateinisch *imago* für Bild und griechisch *asthenie* für Schwäche).
Dieses ironische Gedankenspiel zeigt die Absurdität einer Norm, die nicht den Menschen als Ganzes sieht, sondern sich auf einzelne, dem Wandel der Zeit und dem Bedarf der Gesellschaft (von dem was heute gerade dominant ist, z. B. Technologie) unterliegende Aspekte bezieht. Seymor Papert schreibt, daß auch er als Kind unter einer Lernschwäche gelitten hatte, die ihn trotz seines heutigen akademischen Erfolgs immer noch für Selbstzweifel empfänglich macht, nämlich sich die Namen von Blumen zu merken. »Blumenschwäche«? Das zeigt mir, wie nachhaltig pädago-

gische Wertungen wirken, die primär von »Schwäche« ausgehen, anstatt in erster Linie Talente zu sehen.
Jeder Mensch ist anders und hat seine Qualitäten. Die Globalisierung unserer Welt erfordert entscheidend das Zusammenspiel ganz unterschiedlicher Denker, interdisziplinäre Teams, »Kompetenzzentren«, wie es schon heute formuliert wird, um den komplexen Anforderungen der Zukunft begegnen zu können. Und jeder einzelne hat seinen Stellenwert. Verschwenden wir nicht unsere Begabungen! Es gibt genug Beispiele von Legasthenikern, wie Simon Penny, die eine erfolgreiche Karriere gemacht haben. Das gibt Anlaß zu Mut und Zuversicht. Bei zu vielen Menschen aber werden Begabungen durch ihre andere Wahrnehmungsweise schon früh und nachhaltig zerstört. Sie haben dann oft kaum noch eine Chance, ein selbstbewußtes und erfülltes Leben zu leben. Das Hauptanliegen dieses Buches ist es, bewußtzumachen, wie früh und nachhaltig Begabungen durch Bewertungsschemata negativ beeinflußt werden können. Ziel eines modernen Bildungssystems muß es sein, Begabungen zu erkennen und sie nicht zu verhindern. Darum geht es.

Anhang

Anmerkungen

1 Davis, Ronald D.: *Legasthenie als Talentsignal.* Kreuzlingen/München: Ariston Verlag 1998

2 Herné, Karl-Ludwig, Sprachwissenschaftler an der Beratungsstelle Aachen. Aus einem Interview, das ich im November 1997 mit ihm geführt habe. Alle Zitate von ihm stammen aus diesem Interview, sofern sie nicht anders belegt sind.

3 *MEYERS GROSSES TASCHENLEXIKON,* Band 13. Mannheim 1987

4 *DUDEN,* Band 5. Mannheim 1982

5 Kultusministerium NRW, Förderung von Schülerinnen und Schülern bei besonderen Schwierigkeiten im Erlernen des Lesens und Rechtschreibens (LRS), RdErl des Kultusministeriums vom 19.07.1991. Im weiteren als »Erlaß« zitiert.

6 Alle Zitate von Ron Davis stammen aus dem Interview, das in *ab40* erschienen ist, sofern sie nicht anders belegt sind.

7 Diese Liste der Legasthenie-Symptome wurde von der Beratungsstelle für Lese-Rechtschreib-Schwäche/Legasthenie e. V. zur Verfügung gestellt (Arbeitsbericht 1989 bis 1995, S. 2f.)

8 http://www.legasthenie.de

9 *Webster's New World Dictionary,* 1984

10 *World Book,* 1979

11 Davis, Ronald, a. a. O., S. 26

12 Boele, Uta: *Leserechtschreibschwäche und Fremdsprachenlernen.* Examensarbeit 1997

13 Arnold Langemayr: *Sprachpsychologie. Ein Lehrbuch.* Göttingen: Hogrefe Verlag 1997
14 Soremba, Edith-Maria: *Legasthenie muß kein Schicksal sein.* Freiburg: Herder Verlag 1995, S. 41f.
15 Schneider, Wolfgang: *Rechtschreiben und Rechtschreibschwierigkeiten,* Enzyklopädie der Psychologie, Bd. 3, Psychologie des Unterrichts und der Schule. Göttingen, Bern, Toronto, Seattle 1997
16 Schneider, Wolfgang, a. a. O., S. 349
17 Schneider, Wolfgang, a. a. O., S. 349f.
18 Shaywitz, Sally E.: *Legasthenie – gestörte Lautverarbeitung,* Spektrum der Wissenschaft 1/1997
19 Beratungsstelle für Lese-Rechtschreib-Schwäche/Legasthenie in Kooperation mit dem Lehrstuhl für Deutsche Philologie der RWTH Aachen: Informationen, 1994
20 Hornsby, Bevé: *Overcoming Dyslexia.* London 1984
21 Soremba, Edith-Maria, a. a. O.
22 Remschmidt, Helmut: *Psychotherapie im Kindes- und Jugendalter.* Stuttgart: Thieme Verlag 1998
23 *Austrian Legasthenie News.* 20. Feber 1997. http://www.members.aol. com/Legasthenie
24 http://www.hensa.ac.uk/dyslexia
25 *ab40,* a. a. O.
26 *ab40,* a. a. O.
27 Dieses Gespräch wurde 1996 veröffentlicht in: *ab 40,* 4/96
28 Davis, Ronald D., a. a. O.
29 Christoph Liesendahl/Werner Magar: *Atelier auf Zeit.* Oktober 1997 im PädArtforum (Pädagogium Otto-Kühne-Schule, Bonn-Bad Godesberg) im Rahmen des Projektes: The sense of the Senses: Siehe auch http://www.viswiz.gmd.de/fleischmann/f_mars.html

30 Initiative zur Förderung hochbegabter Kinder e. V.: *Informationsmappe.* Stuttgarter Gruppe, S. 18
31 Grandin, Temple: *Thinking in Pictures.* New York 1996
32 Cone, Molly: *The Mystery of Being Jewish*
33 Molcho, Samy: *Körpersprache.* München: Goldmann Verlag 1996, S. 78
34 Molcho, a. a. O., S. 79f.
35 Initiative zur Förderung hochbegabter Kinder, Informationsmappe, a. a. O., S. 19
36 Schneider, Wolfgang, a. a. O., S. 330
37 Papert, Seymour: *Revolution des Lernens.* Stuttgart: Heinz Heise Verlag 1994
38 Shaywitz, Sally E., a. a. O., S. 71
39 Hentig, Hartmut von: *Kreativität.* München: Hanser Verlag 1998
40 Hentig, a. a. O., S. 11f.
41 Von meinem Einführungstext in: *Das Land am Nil,* Hildesheim 1997, sowie: Wisa Wassef, Ramses; Forman, Werner: *Bildteppiche aus Harrania.* Prag 1992
42 Wissa Wassef, Ramses, a. a. O., S. 17
43 *Bauwelt* 2, 15. Januar 1973, S. 82
44 Hentig, a. a. O., S. 71f.
45 R. Chauvin, zitiert in: Initiative zur Förderung hochbegabter Kinder, *Informationsmappe,* a. a. O., S. 75
46 Hentig, Hartmut von: *Die Schule neu denken. Eine Übung in praktischer Vernunft.* München: Hanser Verlag 1994, S. 10
47 Boele, Uta: *Leserechtschreibschwäche und Fremdsprachenlernen,* Examensarbeit 1997
48 Melina S. ist ein Pseudonym. Der Name wurde auf Wunsch geändert.
49 Dieter Fenk ist ein Pseudonym. Der Name wurde auf Wunsch geändert.

50 Fischer, Ernst Peter: *Wie wirklich ist die Wirklichkeit?* in GEO Wissen, September 1997, S. 23

51 Fischer, a. a. O., S. 23/24

52 Chauvin, R., zitiert in: Initiative zur Förderung hochbegabter Kinder e. V.: *Informationsmappe.* Stuttgarter Gruppe

53 Gibran, Kahlil: *Der Prophet.* Freiburg: Walter Verlag 1974

54 Schenk, Herrad: *Wieviel Mutter braucht der Mensch?* Reinbek: Rowohlt Verlag 1998

55 Beattie, Melody: *Kraft zum Loslassen.* München: Heyne Verlag, S. 372

56 Vgl. hierzu Konzeptpapier: Fleischmann, Monika; Steltzer Saskia; Liesendahl Christoph: *SENSES* in: http://viswiz.gmd.de/fleischmann/f_mars.html, MARS (Media Art Research Studies)

57 Fleischmann, Monika & Strauss, Wolfgang: *Bilder des Körpers im Haus der Illusion:* Art at Science, Wien/New York 1997

58 Fleischmann, Monika: *FORUM INF02000,* AG8: Kunst und Kultur in der Informationsgesellschaft, GMD-IMK-MARS. Sankt Augustin 1997

59 Monika Fleischmann definiert den Begriff »Multimedia« als Geschichtenerzählen mit neuen Mitteln: »Multimedia bedeutet erstens die Möglichkeit, viele verschiedene Medien in einem einzigen – nämlich dem Computer – zu kombinieren: Text, Bilder, Animation, Erzählung, Video und Musik. Der (multimediale) Computer bedeutet zweitens Interaktivität, denn das ist es, was den Computer auszeichnet. Das beinhaltet die Möglichkeit der Einbeziehung des Betrachters oder Akteurs in ein multimediales Werk. Drittens bedeutet die Verbindung von

Multimedia, Computer und Kommunikationsnetzen die Verbindung zu Informationen und die Einbeziehung von Menschen, die sich an verschiedenen Orten aufhalten. Möglicherweise werden alte Geschichten erzählt, aber es wird mit neuen Mitteln experimentiert. Die menschlichen Sinne sind vielfältig ansprechbar. Imaginationsräume öffnen sich über Kommunikationskanäle des Körpers: über die Haut, die Augen, die Ohren, die Stimme, Berührung, Blicke, Sprache, Bewegung lösen Unerwartetes aus. Daher ist neben der optischen und/oder der akustischen Wahrnehmung die Einbeziehung weiterer menschlicher Wahrnehmungsdimensionen (z. B. haptisch oder motorisch) in multimedialen Konzepten von erheblicher Bedeutung.« (Unveröffentlichtes Manuskript, Kultusministerium NRW 1996)

60 Liesendahl, Christoph: *Bildende Kunst der Gegenwart und technische Innovation. Zur Rezeption neuer Interaktionsformen von Körpern im Raum.* Magisterarbeit 1996

61 Traditionell ging man von einem statischen Betrachter aus, vgl. Fleischmann & Strauss, a. a. O.

62 Bangemann, Martin: *Spektrum der Wissenschaft.* Januar 1998, S. 43

Ergänzende Literatur

Assagioli, Roberto: *Psychosynthese. Handbuch der Methoden und Techniken.* Reinbek: Rowohlt 1993

Beratungsstelle für Lese-Rechtschreib-Schwäche/Legasthenie e. V. Aachen: *Informationen für Eltern lese-rechtschreibschwacher Kinder.* Aachen 1994

Beyer, Günther: *»Strandszene«: Entspannungsmusik für Konzentration. Suggestiv Lernen, mentale Fitness, Alpha-Training.*

Institut für Creatives Lernen ICL, Loxsiefen 5a, 71789 Lindlar-Hohkeppel
Block, Katharina: *Geht es Ihnen gut oder haben Sie Kinder am Gymnasium. Insider-Tips vom Schulprofi.* Reinbek: Rowohlt 1998
Bundesverband Legasthenie e. V. (Hrsg.): *Schulische und außerschulische Förderung.* Hannover 1995
Bundesverband Legasthenie e. V. (Hrsg.): *Legasthenieprobleme im Fremdsprachenunterricht.* Hannover 1996
Cone, Molley: *The Mystery of Being Jewish.* Publ. by Union of American Hebrew Congregations. Oktober 1989
Dennison, Paul E.: *Befreite Bahnen. Lernen durch Bewegung.* Kirchzarten: VAK 1996
Dummer-Smoch, Lisa: *Mit Phantasie und Fehlerpflaster. Hilfen für Eltern und Lehrer legasthenischer Kinder.* München: Reinhardt Ernst, 1998
Eberlein, Gisela: *Gesund durch Autogenes Training.* Düsseldorf: Econ 1996
Endres, Wolfgang; Althoff, Dirk: *Das Anti-Pauk-Buch. Lerntips und -tricks für Schüler und Schülerinnen, 11–16 Jahre.* Weinheim/Basel: Beltz 1997
Endres, Wolfgang u. a.: *Lernen mit Kniff und Pfiff. Kleine Lernmethodik. 9–13 Jahre.* Weinheim/Basel: Beltz 1995
Feldenkrais, Moshé: *Das starke Selbst. Anleitung zur Spontaneität.* Frankfurt am Main: Suhrkamp 1992
Feldenkrais, Moshé: *Bewußtheit durch Bewegung. Der aufrechte Gang.* Frankfurt am Main: Suhrkamp 1996
Feldenkrais, Moshé: *Die Feldenkraismethode in Aktion. Eine ganzheitliche Bewegungslehre.* Paderborn: Junfermann 1990
Ferriucci, Piero: *Werde was du bist. Selbstverwirklichung durch Psychosynthese.* Reinbek: Rowohlt 1993
Findeisen, Uwe: *Diagnose und Therapie der Lese-Recht-*

schreibschwäche in: Lehren und Lernen, Zeitschrift des Landesinstituts für Erziehung und Unterricht Stuttgart, Heft 7. Stuttgart 1987

Firnhaber, Mechthild: *Legasthenie und andere Wahrnehmungsstörungen. Wie Eltern und Lehrer helfen können.* Frankfurt am Main: Fischer 1997

Gordon, Thomas: *Die neue Familienkonferenz. Kinder erziehen ohne strafen.* Hamburg: Hoffmann und Campe 1993

Gruen, Arno: *Der Wahnsinn der Normalität.* München: dtv 1992

Grandin, Temple; Scariano, Margaret M.: *Energence. Labeled Autistic.* Novato CA 1986

Guntern, Gottlieb: *Sieben goldene Regeln der Kreativitätsförderung.* Zürich: Scalo 1994

Hanh, Thich Nhat: *Die Sonne, mein Herz.* Freiburg: Herder 1997

Hay, Louise L.: *Wahre Kraft kommt von Innen.* München: Heyne 1995

Hentig, Hartmut von: *Bildung.* München: Hanser 1996

Hitzbleck, Krista: Landesverband Legasthenie Nordrhein-Westfalen: *Leistungsbewertung in der Sekundarstufe I nach dem LRS-Erlaß*

dies.: Anregungen zur Unterstützung von LRS-Kindern im normalen Unterricht nach dem LRS-Fördererlaß

dies.: Die schulrechtliche Vorschrift oder »Über die Kunst des Lesens«. Fünf Fragen und Antworten um LRS-Erlaß

Hopf, Hans: *Muskelentspannung nach Jacobsen.* Ein Übungsprogramm mit Musik für Kinder und Jugendliche. Wiesbaden: Text-o-phon 1991

Initiative zur Förderung hochbegabter Kinder e. V. Stuttgarter Gruppe: *Dokumentation* dies.: *Ene mene muh – und raus bist Du! Mobbing und Schule*

Jampolsky, Gerald. G.: *Wenn deine Botschaft Liebe ist. Wie wir einander helfen können, Heilung und inneren Frieden zu finden.* München: Goldmann 1993

Knopp, Marie-Luise; Napp Klaus (Hrsg.): *Wenn die Seele überläuft. Kinder und Jugendliche erleben die Psychiatrie.* Bonn: Psychiatrie 1996

Lang, Gunda: *Besser in der Schule. Mentaltraining für Kinder und Jugendliche.* München: Peter Erd 1997

Lazai, Lotar: *Wirkungsvoll miteinander reden und argumentieren.* RKW Rationalisierungs-Kuratorium der Deutschen Wirtschaft, Landesgruppe Berlin. Aus der Reihe »Arbeitshilfen für die Praxis«, Nr. 26. Berlin 1991

Lindemann, Hannes: *Autogenes Training. Der klassische Weg zur Leistungskraft, Gesundheit und Lebensfreude.* München: Mosaik 1996

Lukas, Elisabeth: *Spannendes Leben. Ein Logotherapie-Buch.* München: dtv 1996

Lukas, Elisabeth: *Gesinnung und Gesundheit. Lebenskunst und Heilkunst in der Logotherapie.* Freiburg: Herder 1995

Lusseyran, Jacques: *Das wiedergefundene Licht. Die Lebensgeschichte eines Blinden im französischen Widerstand.* Gütersloh 1997. München: dtv 1992

Miller, Alice: *Das Drama des begabten Kindes und die Suche nach dem wahren Selbst – Eine Um- und Fortschreibung.* Frankfurt am Main: Suhrkamp 1994

Müller, Else: *Du spürst unter deinen Füßen das Gras, Autogenes Training in Phantasie- und Märchenreisen.* Frankfurt am Main: Fischer 1997

dies.: *Hilfe gegen Schulstreß. Übungsanleitungen zu Autogenem Training, Atemgymnastik und Meditation.* Reinbek: Rowohlt 1994 dies.: *Inseln der Ruhe. Ein neuer Weg zum Autogenen Training für Kinder und Erwachsene.* München: Kösel 1997

Neuhaus, Cordula: *Das hyperaktive Kind.* Berlin: Urania 1998

Papert, Seymor: *Mindstorms.* New York 1993

Petermann, Franz (Hrsg.): Lehrbuch der Klinischen Kinderpsychologie: *Modelle psychischer Störungen im Kindes- und Jugendalter. Göttingen/Bern/Toronto/Seattle: Hogrefe 1998*

Piaget, Jean: *Das Erwachen der Intelligenz beim Kinde,* Gesammelte Werke, Band 1. Stuttgart: Klett-Cotta 1996

dies.: *Der Aufbau der Wirklichkeit beim Kinde,* Gesammelte Werke, Band 2. Stuttgart: Klett-Cotta 1975

dies.: *Die Entwicklung des Zahlenbegriffs beim Kinde,* Gesammelte Werke, Band 3. Stuttgart: Klett-Cotta 1994

dies.: *Die Entwicklung des räumlichen Denkens beim Kinde,* Gesammelte Werke Band 6, Stuttgart: Klett-Cotta 1993

dies.: *Intelligenz und Affektivität in der Entwicklung des Kindes.* Frankfurt am Main: Suhrkamp 1995

Pinney, Rahel: *Bobby, Breakthrough Of An Autistic Child.* London 1983

Schaef, Anne Wilson: *Native Wisdom For White Minds.* New York/Toronto 1995

Schoebe, Gerhard: *Elementargrammatik und Rechtschreibung.* München: Oldenbourg 1996

Siegert, Werner: *Selbstmanagement und Liebe.* Landsberg am Lech: mvg 1991

Simonsohn, Barbara: *Die fünf Tibeter mit Kindern. Gesundsein darf Spaß machen.* München/Bern: Scherz 1995

Stoffers, Johannes (Hrsg.): *Lese-Rechtschreib-Schwierigkeiten in allen Schulformen.* Tagungsbericht des 1. Nordrhein-Westfälischen Legasthenie-Kongresses. Aachen 1994

Tausch, Reinhard: *Hilfen bei Streß und Belastung. Was wir für unsere Gesundheit tun können.* Reinbek: Rowohlt 1996

Thieme, Alfred: *Motivation. Trainingsprogramm für Scbülerinnen und Schüler, 6.–9. Klasse.* Weinheim; Basel: Beltz 1996

Turkle, Sherry: *The Second Self. Computers and the Human Spirit.* New York 1985

dies.: *Life on the Screen. Identity in the Age of the Internet.* New York 1995

Vester, Frederic: *Denken, Lernen, Vergessen. Was geht in unserem Kopf vor, wie lernt das Gehirn und wann läßt es uns im Stich?* München: dtv 1996

Virilio, Paul: *Rasender Stillstand.* Frankfurt am Main: Fischer 1997

dies.: *Die Eroberung des Körpers. Vom Übermenschen zum überreizten Menschen.* Frankfurt am Main: Fischer 1997

Abbildungsquellen

S. 29, 34, 37, 38, 39, 50, 63, 111, 121, 126, 127, 143, 149, 215: Saskia Steltzer

S. 76, 129(2), 130(2), 131(2): TextLab, Manfred Heinze

Kontakte

Bundesverband Legasthenie e. V.
Königstraße 32
30175 Hannover
Tel.: 0511/318738; Fax: 0511/318739
E-Mail: info@legasthenie.net
http://www.legasthenie.net

Landesverband Baden-Württemberg:
Vorsitzende: Ina-Maria Lienhart,
Alemannenstr. 1c,
79312 Emmendingen-Wasser
Tel.: 07641/48324; Fax: 07641/3767
2. Vorsitzende: Dr. Christiane Löwe,
Wehlauer Str. 7, 76139 Karlsruhe
Tel.: 0721/687203; Fax: 0721/689127
Geschäftsstelle:
Gisela Hassmann-Kube,
Adolf-Keller-Weg 4, 79111 Freiburg
Tel./Fax: 0761/43154

Landesverband Bayern:
Vorsitzende: Christine Sczygiel,
Hallstattstr. 2, 97265 Hettstadt
Tel.: 0931/4676110; Fax: 0931/4676111
Geschäftsstelle: Gabriele Scholz,
Am Hohen Weg 62, 86720 Nördlingen
Tel.: 09081/88584; Fax: 09081/799416

Landesverband Berlin:
Vorsitzende: Christel Hanke,
Dambockstr. 72, 13503 Berlin
Tel.: 030/43666333

Landesverband Brandenburg:
Vorsitzende: Ingrid Stoll
Freiheitstr. 98, 15745 Wildau
Tel.: 03375/503721; Fax: 03375/504703

Landesverband Bremen:
Vorsitzende: Leonore Martens,
Beim Paulskloster 7, 28203 Bremen
Tel.: 0421/3399862; Fax: 0421/325335

Landesverband Hamburg:
Vorsitzende: Margret Meine,
Joh.-Beckmann-Weg 6, 22359 Hamburg
Tel.: 040/6034964
Geschäftsstelle: Sabine Kramp
Kanalstr. 45, 22085 Hamburg
Tel.: 040/6950825

Landesverband Hessen:
Vorsitzende: Dagmar Ribka,
Birkenweg 52a, 35435 Wettenberg
Tel.: 0641/86649; Fax 0641/8773173
E-Mail: info@LVL-Hessen.de
http://www.LVL-Hessen.de

Landesverband Mecklenburg-Vorpommern:
Vorsitzende: Gertraud Schubert
Dünenstr. 75, 18609 Binz
Tel.: 038393/30059
Stv. Vorsitzende: Dr. Selma-Maria Behrndt,
Gang 4, 17509 Hanshagen, Tel.: 038352/532

Landesverband Niedersachsen:
Vorsitzender: Norbert Senftleben,
Meersmannufer 17, 30655 Hannover
Geschäftsstelle: Helga Landwehr,
Pirolstr. 9, 49377 Vechta, Tel.: 04441/909894

Landesverband Nordrhein-Westfalen:
Vorsitzender: Hermann Herbers,
Steegerstr. 72, 41334 Nettetal
Tel.: 02153/912657; Fax 02153/912658
Geschäftsstelle: Anneliese Traut,
Tulpenweg 26, 41564 Kaarst
Tel./Fax: 02131/63993

Landesverband Rheinland-Pfalz:
Vorsitzende: Renate Jarosch,
Gutenbergstr. 5, 56179 Vallendar
Tel.: 0261/62458; Fax 0261/6679126

Landesverband Saarland:
Vorsitzende: Brigitte Klos-Bollbach,
St. Annenstr. 18, 66606 St. Wendel
Tel.: 06851/82634; Fax 06851/82154

Landesverband Sachsen:
Vorsitzender: Detlef Dressel,
Bahnhofstr. 2, 08626 Hundsgrün
Fax: 037421/20075

Landesverband Sachsen-Anhalt:
Vorsitzende: Heidrun Pielert,
Beesener Str. 1, 06110 Halle
Tel.: 0345/2025523
Stv. Vorsitzende: Beate Arndt,
Geißlerstr. 8, 39104 Magdeburg
Tel.: 0391/5413971

Landesverband Schleswig Holstein:
Vorsitzende: Rita Schwark,
Rammseer Weg 25, 24113 Molfsee
Tel.: 0431/651888; Fax: 0431/650752

Landesverband Thüringen:
Vorsitzende: Turid Brensing
Bahnhofstr. 3d, 99100 Döllstädt
Tel./Fax: 036206/23445
Stv. Vorsitzende: Angelika Trillmich,
Wetzstr. 3, 99096 Erfurt
Tel.: 0361/3733685

Beratungsstelle für Lese-Rechtschreib-Schwäche/Legasthenie e. V.
Jakobstraße 171, 52064 Aachen
Tel.: 0241/38796; Fax: 0241/408723
E-Mail: master@lrs-online.de
http://lrs-online.de

Karin Staab, Heilpraktikerin (Psychotherapie)
Praxis für Kinder- und Jugendtherapie
Schumannstraße 6
53359 Rheinbach
Tel./Fax: 02226/15363
E-Mail: Info@praxis-staab.de
http://www.praxis-staab.de

Lerntherapeutische Praxis
Ursula Langkabel
Bismarckstr. 3
49170 Hagen a. T. W.
Tel: 05405/7969; Fax: 05405/8469
E-Mail: info@langkabel.org
http://www.langkabel.org

http://www.legasthenie.de

Universität Münster
Internationales Centrum für Begabungsforschung (ICBF)
Georgskommende 33
48147 Münster
Tel.: 0251/8324230; Fax: 0251/8328461
E-Mail: ICB@uni-muenster.de

Hochbegabtenförderung e. V.
Geschäftsstelle: Am Pappelbusch 45
44803 Bochum
Tel.: 0234/935670; Fax: 0234/9356725
E-Mail: hbf@geod.geonet.de
Vorstand: Jutta Billhardt

Beratungsstelle Berlin
Gürtelstr. 29a/30
10247 Berlin
Tel.: 030/29778895; Fax: 030/29778896

Deutsche Gesellschaft für das hochbegabte Kind e. V. (DGhK)
Beratung: Tel.: 0700/234 22864
Geschäftsstelle: Tel.: 0700/344 58671
1. Vorsitzende: Beate Anders
Bonifatiusweg 10, 59067 Hamm